Videos online

Reihe Doppelstunde Sport

Doppelstunde Tennis und Tischtennis

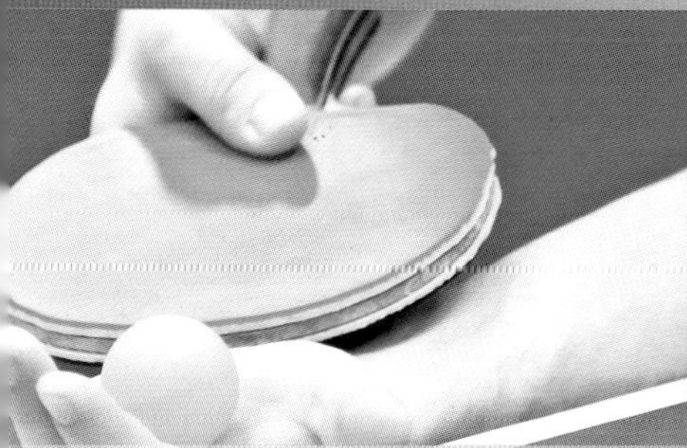
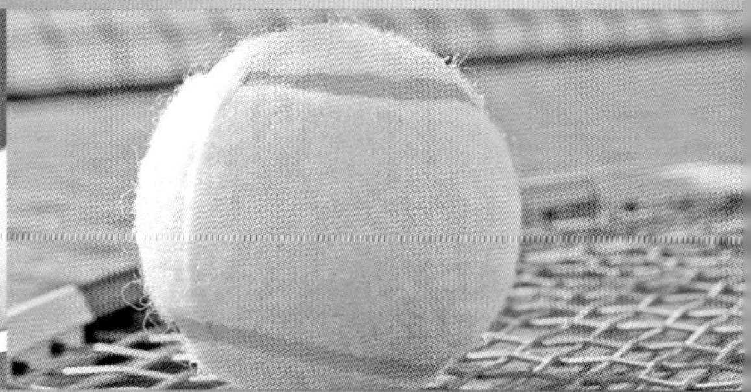

Robert Horsch • Reimar Bezzenberger • Michael Müller

Unterrichtseinheiten und Stundenbeispiele für Schule und Verein

13

hofmann.

Bibliografische Information der Deutschen Nationalbibliothek
Die Deutsche Nationalbibliothek verzeichnet diese Publikation in der Deutschen Nationalbibliografie; detaillierte bibliografische Daten sind im Internet über http://dnb.d-nb.de abrufbar.

Bestellnummer 0631

www.hofmann-verlag.de

Erschienen als Band 13 der „Reihe Doppelstunde Sport"

Für den Tennisteil: Bildmaterial Profispieler mit freundlicher Unterstützung der Firma Dunlop Sport GmbH

Druck: Druck- und Kalender-Marketing Sosset GmbH, Kißlegg

Printed in Germany · ISBN 978-3-7780-0631-3

Reihe Doppelstunde Sport

Herausgegeben von
Stefan König

Doppelstunde Sport

Herausgeber Prof. Dr. Stefan König

bisher erschienene Bände

1 **Doppelstunde Basketball**
Reiner Braun, Anke Goriss, Stefan König

2 **Doppelstunde Fußball**
Daniel Memmert, Peter Breihofer

3 **Doppelstunde Turnen**
Sven Lange, Kathrin Bischoff

4 **Doppelstunde Bewegungsgestaltungen**
Susanne Pape-Kramer, Ulrike Köhle

5 **Doppelstunde Volleyball**
Hermann Saile, Barbara Vollmer

6 **Doppelstunde Schwimmen**
Marcel Fahrner, Nico Moritz

7 **Doppelstunde Alpiner Skilauf**
Herbert Haag

8 **Doppelstunde Leichtathletik – Band 1**
Michael Belz, Günter Frey

9 **Doppelstunde Leichtathletik – Band 2**
Michael Belz, Günter Frey

10 **Doppelstunde Ringen und Raufen**
Frank Bächle, Steffen Heckele

11 **Doppelstunde Handball**
Stefan König, Andi Husz

12 **Doppelstunde Leichtathletik – Band 3**
Michael Belz, Günter Frey

13 **Doppelstunde Tennis • Tischtennis**
Robert Horsch, Reimar Bezzenberger, Michael Müller

Inhaltsverzeichnis

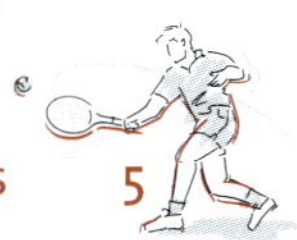

Tennis (Reimar Bezzenberger & Michael Müller)

Anhang

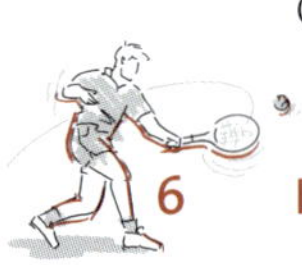

Vorwort des Herausgebers

Ist die 13 eine Unglückszahl?
Trotz unterschiedlichster Sichtweisen in verschiedensten geschichtlichen Epochen lautet die Antwort für die Buchreihe **Doppelstunde Sport** eindeutig nein, denn der 13. Band steht vielmehr für Innovation und Flexibilität. Hatten die bisherigen zwölf Bände allesamt eine Sportart oder ein Bewegungsfeld im Fokus, werden dieses Mal zwei Sportarten thematisiert: Tennis und Tischtennis.
Gründe, so vorzugehen, gab es mehrere: Da war zum einen die Idee, für zwei Spiele gleichzeitig interessante und vor allem praxiserprobte Vermittlungskonzepte vorzustellen, um sie so für den Schulsport noch präsenter und greifbarer zu machen. Aber natürlich geht es auch darum, dem Bewegungsfeld „Spiele – Spielen“ attraktive Alternativen zu den traditionellen Mannschaftsspielen zu liefern; und schließlich kann man in diesem Zusammenhang auch davon sprechen, dass die Rückschlagspiele durch eine Outdoor- und eine Indoor-Variante repräsentiert werden, auch wenn Tennis wunderbar in der Halle und Tischtennis auf dem Schulhof gespielt werden kann. Trotzdem: Im Schulsport sollten immer auch sportliche Aktivitäten im Freien eine zentrale Rolle spielen.
Betrachtet man Tennis und Tischtennis aus einer schulsportpädagogischen Warte, dann kann ohne Einschränkung behauptet werden, dass beide in Deutschland eine große Tradition haben und somit ein fester Bestandteil unserer Sportkultur sind; insofern ist ihre Thematisierung im Sportunterricht nur legitim. Darüber hinaus können beide Sportarten einen Beitrag zum lebenslangen Sporttreiben leisten, zumal über sie auch die Idee eines mehrperspektivischen Unterrichts sehr gut realisiert werden kann: Tennis und Tischtennis können mit unterschiedlichen Sinnperspektiven gespielt werden. Schließlich sind beide im Setting des Leistungssports zu den erfolgreicheren Sportarten in Deutschland zu zählen, was nach wie vor ein nicht zu unterschätzender Motivationsfaktor ist.
Den Autoren kann zu diesem Buch nur gratuliert werden; es ist durch und durch fachkompetent und zeugt darüber hinaus von großer Erfahrung im Unterrichten. Allen Lesern und zukünftigen „TischTennis-Experten“ wünsche ich viele spannende, interessante und lehrreiche Doppelstunden, die – da bin ich mir sicher – den Schulsportalltag bereichern werden.
Prof. Dr. Stefan König

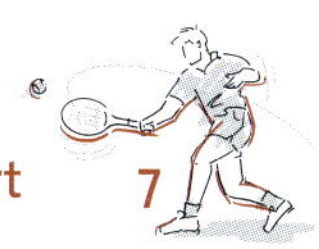

Vorwort von Jörg Roßkopf

Der Tischtennis-Sport hat nach der Weltmeisterschaft 1989 in Dortmund mit dem Gewinn des Weltmeistertitels im Doppel durch Steffen Fetzner und mich einen einzigartigen Boom in Deutschland erfahren. Die Bundesliga nahm an Professionalität und Attraktivität enorm zu – auch wenn die Medienlandschaft in Deutschland dem immer noch zu wenig Beachtung schenkt.

Tischtennis ist aber nicht nur reiner Leistungssport, sondern eignet sich als eine Sportart in hervorragender Weise für Schule und Freizeit. Tischtennis bietet Kindern und Jugendlichen einen nicht austauschbaren Erziehungsraum: mit seinen spezifischen Merkmalen, die ganz besondere individuelle, soziale und materiale Erfahrungen ermöglichen. Als typisches Rückschlagspiel stellt es vielseitige Beanspruchungen an den ganzen Körper und hohe Anforderungen an Gewandtheit, Schnelligkeit, Koordinations- und Reaktionsvermögen. Dauernd wechselnde Spielsituationen und erst im letzten Moment erkennbare Aktionen des Gegners erfordern differenziertes taktisches Planen mit schnellen Entscheidungen. Psychisch werden im Spiel starke Selbstbeherrschung und Disziplin verlangt. Die Lifetime-Sportart Tischtennis ist für jung und alt sowie koedukativ für Jungen und Mädchen gemeinsam sehr gut nutzbar. Tischtennis in Schule und Verein erlaubt vielfältige Variationen der regelgerechten Grundformen.

Die **Doppelstunde Tischtennis** bietet hierfür auf der Basis eines spielgemäßen Konzeptes differenzierte Spiel- und Übungsformen an, die auf die heterogenen Leistungsvoraussetzungen der Schüler und Schülerinnen sowie auf die äußeren Voraussetzungen von oftmals großen Klassen und wenigen Tischen in kleinen Hallen eingeht.

Zum Kennenlernen unserer schönen und spannenden Sportart und zum Heranführen an den Tischtennis-Sport begrüße ich die **Doppelstunde Tischtennis** als einen weiteren Schritt, Tischtennis im Schul- und Hochschulbereich, im außerschulischen Freizeit- und Vereinssport sowie in der Lehreraus- und -fortbildung fest zu verankern.

Meinem ehemaligen Trainingspartner aus „Frankfurter Zeiten“ Robby Horsch und der **Doppelstunde Tischtennis** wünsche ich, dass Tischtennis ein fester Bestandteil im Schulsport bleibt.

Jörg Roßkopf
Bundestrainer, Weltmeister, Europameister,
Olympia-Silber- und Bronzemedaillengewinner

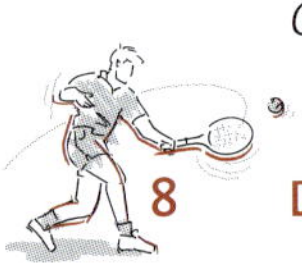

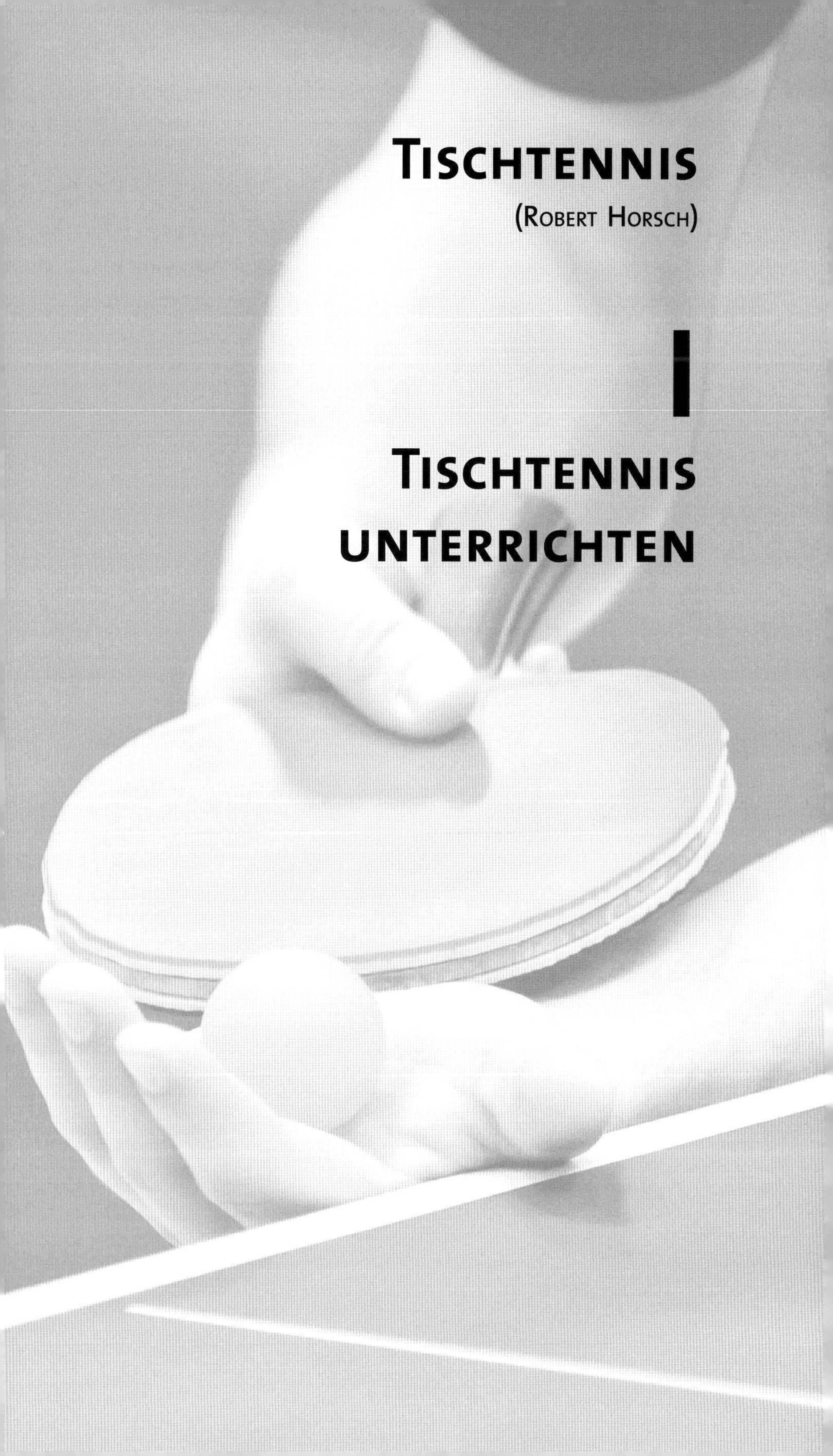

Tischtennis

(Robert Horsch)

I

Tischtennis unterrichten

Das Sportspiel Tischtennis

Tischtennis gilt weltweit als eine populäre Sportart (vor allem im asiatischen und europäischen Raum) und erfreut sich in Deutschland bei circa 600 000 Wettkampfspielern und weit über einer Million Hobbyspielern großer Beliebtheit. Sporthistoriker gehen in ihren Publikationen Jahrhunderte zurück und beschreiben Ballsportarten im asiatischen Raum und bei den Indianern Nord- und Südamerikas, die Ursprünge des Tischtennis gewesen sein könnten. Eine wesentliche Entwicklung zum Tischtennisspiel wird aber im Zusammenhang mit anderen Sportarten, vor allem mit Tennis gesehen. Bereits im Jahr 1884 wurde das Tischtennisspiel unter „Miniature Indoor Tennis Game“ in England patentiert. Es sollte der vor allem „feinen“ Gesellschaft auch in Zeiten schlechten Wetters eine Möglichkeit geben, dem Tennisspiel in abgewandelter Form auf einem Tisch in Kaffeehäusern nachgehen zu können.
In Deutschland wurde dieses Spiel ebenfalls Ende des 19. Jahrhunderts populär und in speziellen Klubs und Kaffeehäusern gespielt. 1899 wurde die „1. Berliner Tennis- und Ping-Pong-Gesellschaft“ gegründet. 1900 eröffnete das erste „Ping-Pong-Cafe‘“ in Berlin, von denen insbesondere das „Tischtennis-Cafe‘“ am Viktoria-Luise-Platz großen Bekanntheitsgrad erlangte. Im Jahre 1907 wurden die ersten Deutschen Meisterschaften im Casino am Nollendorff-Platz in Berlin ausgetragen. Wie eng der Zusammenhang des Tischtennissports in der Entstehung mit dem Tennissport ist, zeigt sich im weiteren Verlauf der geschichtlichen Entstehung des Deutschen Tischtennis Bundes. Am 21. Februar 1925 kamen in München 21 Tennis-Vereine zusammen, um über die Gründung und Wahl des Vorstands eines “Deutschen Tischtennis Verbands“ Beschluss zu fassen. Schließlich wurde dann am 8. November 1925 in Berlin der „Deutsche Tischtennis Bund“ gegründet.

Tischtennis und Freizeit

Im Sinne des großen Aktivitätsspielraums kann insbesondere die Aufgabe des Tischtennis-Sports darin gesehen werden, Kindern, Jugendlichen und auch Erwachsenen Möglichkeiten einer sinnvollen Freizeitgestaltung aufzuzeigen. Die Freizeit als Lebenssituation in

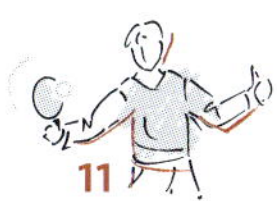

Verbindung mit dem Gegenstandsbereich Sport in seinen traditionellen und neuen Formen stellt ein Bezugsfeld dar, in dem sich Ziele und Aufgaben des Schulsports im Allgemeinen und von Tischtennis im Besonderen verwirklichen lassen.

Tischtennis und Chancengleichheit

Im Tischtennis als „Spiel ohne Körperberührung“ und als Rückschlagspiel mit Gerät können zum Beispiel körperliche Unterschiede durch technische und taktische Fähigkeiten bis zu einem gewissen Grad ausgeglichen werden. Dies ist deshalb von Bedeutung, da demzufolge Jüngere und Ältere, ebenso Mädchen und Jungen diese Lifetime-Sportart sehr gut koedukativ nutzen können. Tischtennis bietet bei der aktuellen Thematik eines inklusiven Sportunterrichts vielfältige Möglichkeiten.

Tischtennis als Jedermann-Sport

Die „Lifetime-Sportart“ Tischtennis ist eine, wenn nicht sogar die freizeitbezogene Sportart. Tischtennis ist nicht an Gesellschaftsschichten gebunden, ist altersunabhängig, gesellig, geschlechtsunabhängig und besitzt ein leicht erlernbares Technikrepertoire und Regelwerk. Die relativ geringen Materialvoraussetzungen (Schläger, Ball, Tisch) zum Tischtennisspiel lassen auch außerhalb der Sporthalle ein Spiel zu. Man denke nur an die Vielzahl von Tischtennisangeboten in Freibädern, Freizeitparks, auf Kinderspielplätzen, Schulhöfen, in Heimkellern und Garagen. Tischtennis ist Jedermann-Sport.

Tischtennis in der Schule

Tischtennis eignet sich für die Schule in hervorragender Weise, denn es bietet Kindern und Jugendlichen einen nicht austauschbaren Erziehungsraum mit seinen spezifischen Merkmalen, die ganz besondere individuelle, soziale und materiale Erfahrungen ermöglichen. Als typisches Rückschlagspiel ist es vielseitig; es beansprucht den gesamten Körper, fördert die motorischen Fähigkeiten, deren Rückgang bei Schülern und Schülerinnen in den letzten Jahren leider zu erkennen ist, und stellt hohe Anforderungen an Gewandtheit, Geschicklichkeit, Schnelligkeit, Koordinations- und Reaktionsvermögen (Horsch, 1984, S. 37). Die dauernd wechselnden Spielsituationen sowie die zahlreichen Schlagtechniken erlauben eine

Vielzahl von Handlungsmöglichkeiten. Erst im letzten Augenblick erkennbare Aktionen des Gegners erfordern differenziertes taktisches Planen mit schnellen Entscheidungen. Psychisch verlangt das Spiel unter anderem hohe Konzentration und starke Selbstbeherrschung. Tischtennis in der Schule ist für viele Schüler und Schülerinnen eine attraktive Sportart (Horsch, 2005, S. 5). Trotzdem ist der Tischtennisunterricht an der Schule oftmals nicht unproblematisch, wenn neben den erforderlichen materiellen Möglichkeiten klare Vorstellungen darüber fehlen, was in der Schule gelehrt werden kann und soll. Häufig stellt sich die Frage, welche Zielsetzungen auch in großen Gruppen umgesetzt werden können. Tischtennisunterricht in der Schule kann nicht nur Abbild des Leistungs- und Vereinssports sein. Dafür sind die Lerngruppen in der Regel zu heterogen und zu groß und Übungsprozesse bleiben oftmals zeitlich begrenzt. Der Tischtennisunterricht muss also sowohl das leistungsorientiertes Sportspiel (Erlernen von Schlagtechniken), als auch das Freizeitspiel mit eigenen Zielsetzungen (alternative Spielformen) berücksichtigen. Daher sollen auch andere pädagogische Perspektiven in den Mittelpunkt des Geschehens gestellt werden. Das Spiel und das Kooperieren sollen zentrale Perspektiven des Tischtennisunterrichts sein. Deshalb soll methodisch durch vielfältige Spiel-und Übungsformen der Spielgedanke immer wieder im Vordergrund stehen.

Tischtennis als gesundheitsorientierte Sportart

Wesentlich erscheint auch der gesundheitliche Aspekt. Durch das Sporttreiben sollen physische und psychische Belastbarkeit, Robustheit und Widerstandsfähigkeit, optimale Regenerationsfähigkeit und Gesundheit im Sinne eines allgemeinen Wohlbefindens angestrebt werden. Dazu gehört im salutogenetischen Sinn auch die Entwicklung sozialer Kompetenz und kooperativer Verhaltensweisen, die nachweislich das Wohlbefinden in biopsychosozialer Hinsicht fördert. Tischtennis eignet sich in besonderer Weise, Kinder, die konstitutionelle Nachteile haben oder übergewichtig sind, einzubinden und ihnen Erfolgserlebnisse zu vermitteln (Horsch, 2005, S. 67).

In Anlehnung an die salutogenetische Konzeption Antonovskys (1997) soll eine mehrdimensionale Gesundheitswirksamkeit tischtennisspezifisch verdeutlicht werden.

Tischtennis bietet folgende Perspektiven, sich als gesundheitsförderlicher Sport zu profilieren:

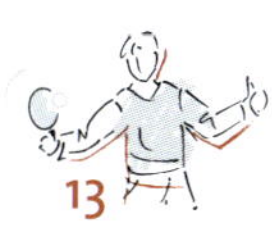

- Als Schnellkraftsportart stellt Tischtennis hohe Anforderungen an die Koordination, die Beweglichkeit und die Gewandtheit. Damit leistet Tischtennis einen spielbezogenen Beitrag zur allgemeinen Fitnessschulung.
- Als Sportart, die mit viel Spaß eine individuelle Leistungsentwicklung fordert und fördert, Sinnangebote macht und die Möglichkeit eröffnet, selbstbestimmt, kreativ und anspruchsvoll seine Freizeit zu gestalten, fördert Tischtennis im Sinne von Wohlbefinden, produktiver Anpassung und Selbstverwirklichung die Gesundheit.
- Als Freizeitsportart trägt Tischtennis zu Gesundheit, Fitness und zum Wohlbefinden bei. Eine Wirkung auf die Fitness im Sinne einer Ausdauer- und Kraftverbesserung allein durch das Spiel ist nicht möglich. Aber bei entsprechender Planung und dem Anwenden spezieller Übungsformen lässt sich die Ausdauerleistungsfähigkeit nachweislich verbessern. Zudem bietet das Tischtennisspiel Ausgleich zu Bewegungsmangel und die Gelegenheit zur Entspannung.

Tischtennis fordert und schult entsprechend peripheres Sehen und den schnellen Wechsel vom scharfen Sehen auf ganzheitliches Sehen, wovon wiederum lebensnahe Bereiche profitieren. Der Wettkampf im Tischtennis verbessert die mentale Stärke im Umgang mit Sieg und Niederlage und kann so z. B. auf eine Reduzierung von Aggression oder Frustration vorbereiten.

Durch die Schulung der Koordination werden Bewegungsprogramme (auch die des Alltagslebens) im zentralen Nervensystem verfeinert. Über eine daraus resultierende ökonomischere Bewegungsausführung wird das Herz-Kreislauf-System geschont, weil weniger Arbeit aufgebracht werden muss.

Ein Vermittlungskonzept für Tischtennis

Die **Doppelstunde Tischtennis** stellt ein Vermittlungskonzept dar, das sich an trainingswissenschaftlichen Merkmalen zur Entwicklung der spezifischen Spielfähigkeit und an sportpädagogischen Zielsetzungen wie unterschiedlichen pädagogischen Sinnperspektiven orientiert.

Die curriculare Sportspielvermittlung im Tischtennis folgt einer vertikalen Progression (vgl. König & Memmert, 2012). Inhalte und Standards erweitern sich hinsichtlich Schwierigkeitsgraden und Komplexität von der Unterstufe/Orientierungsstufe (Klassen 5 und 6) über die Mittelstufe (Klassen 7 bis 9) bis hin zur Oberstufe (Klassenstufen 10 bis 12). Hierbei sollen drei Reihungsprinzipien für die Vermittlung von Sportspielen (vgl. Roth, Memmert & Schubert, 2006; König, Memmert, Nagel, Roth & Zentgraf, 2002) berücksichtigt werden:

1. Prinzip: Sportspielübergreifendes vor sportspielspezifischem Lernen
Sportspielübergreifende Basiskompetenzen wie sie in den Spielformen zur Ball- und Schlägergewöhnung (vgl. Doppelstunde 1) vorkommen, stellen ein Fundament für die nachfolgende spezifische Sportspielvermittlung dar. Die spezifische Vermittlung von Schlagtechniken und Spielhandlungen werden zunehmend erweitert.

2. Prinzip: Spielgemäße vor übungsgemäßer Vermittlung
Ein spielgemäßes Konzept bei der Vermittlung des Sportspiels Tischtennis folgt in erster Linie dem Ansatz „Tischtennis spielen lernt man durch Spielen", wird aber durch die Notwendigkeit des Erlernens von Schlagtechniken zur Ausführung des Sportspiels Tischtennis durch methodische Übungsformen ergänzt.

3. Prinzip: Implizites vor explizitem Lernen
Verschiedene Studien haben zu der Erkenntnis geführt, dass am Anfang von Vermittlungsprozessen freies Spielen zu Verbesserungen im technisch-taktischen Handeln führt. Dies bedeutet für die Umsetzung im Sportunterricht, dass vor allem in der Unterstufe/Orientierungsstufe, aber auch in höheren Klassenstufen immer wieder freies Spielen angeboten wird. Mit erweitertem Könnens-

	1	2	3	4	5	6	7	8	9	10	11	12
Kondition	Verbesserung der Koordination: Antizipation, Reaktion, peripheres Sehen, Anpassungs-, Umstellungs-, Steuerungsfähigkeit			Formen des Aufwärmens und Einspielens			Verbesserung von Schlagpräzision und Antizipation		Kennenlernen des tischtennisspezifischen Anforderungsprofils und Verbessern der entsprechenden Grundlagen			
Technik	Ballgewöhnung mit verschiedenen Geräten (ohne Tisch)	Einführung in Schlagtechniken am Tisch: VH-/RH-Konterschlag/-aufschlag, VH-Topspin *oder* RH-Schupfschlag – VH-Topspin – RH-Block und Aufschläge (je nach methodischer Einführung der Schlagtechniken)				Überprüfung bisher gelernter und geübter Schlagtechniken	Verbinden verschiedener Schlagtechniken zu Schlagkombinationen und Anwendung in verschiedenen Spielsituatioen		Schulung und Festigung der Schlagtechniken: Verbessern der Schlagpräzision Überprüfen der Schlagtechniken Überprügen der Spielfähigkeit			
Taktik		vom Zuspielen des Balles mit dem Partner (Miteinander) zum Ausspielen des Gegners im Einzel (Gegeneinander)							Raumaufteilung Stellungsspiel Grundaufstellung im Doppel			
Regel- u. Materialkunde	Kennenlernen der Materialeigenschaften von TT-Bällen und TT-Schlägern		Kennenlernen wichtiger Regeln, Möglichkeiten der Modifizierung				selbstständige Übernahme der Schiedsrichterfunktion • jeder Spieler soll über Bälle auf seiner Seite entscheiden • jeder Spieler soll ein Spiel als Schiedsrichter leiten können Kennenlernen von Turnierformen Ausspielen einer Rangliste • gemeinsames Auswählen eines Ranglistenmodus • selbstständige Organisation durch Teilnehmer Gesundheitsorientierung des TT-Spiels					
Methodenkompetenz	Herausfinden, mit welchen Bällen und Schlägern man am Besten zurecht kommt		Kennenlernen von Übungsformen, bei denen unter erleichterten Spielbedingungen neue Schlagtechniken effektiv erlernt werden können, durch Selbst- und Fremdbeobachtung lernen									
Sozialkompetenz	dem Partner zuspielen		Partner- und Kleingruppenarbeit, gegenseitige Unterstützung beimm Lernprozess, z.B. bessere Spieler helfen als Zuspieler und „Co-Trainer“				Fairplay in allen Spielsituationen • richtiger Umgang mit Sieg und Niederlage • Konfliktbewältigung bei strittigen Bällen oder Situationen • gegenseitige Hilfe im Lernprozess • im Leistungsvergleich mit anderen Akzeptanz und Toleranz praktizieren					

Tab. 1: Übersicht über eine Unterrichtsreihe Tischtennis (Horsch, 2006, S. 23)

profil wird es sinnvoller, mehr explizite Lernprozesse intentional in den Mittelpunkt des Unterrichtsgeschehens zu stellen.

Unter einer curricularen und didaktischen Perspektive wird deutlich, dass Schüler im Laufe ihrer Schulzeit einen Sportspielunterricht erhalten, der sich auf der Ziel-, Inhalts-, Sozial- und Methodenebene systematisch und strukturiert weiterentwickelt. Dieses zentrale Grundprinzip der **Doppelstunde Tischtennis** wird in Tabelle 1 (vgl. S. 84) über eine Unterrichtsreihe Tischtennis dargestellt (vgl. Horsch, 2006, S. 23).

Eine weitere Intention der Doppelstunde Tischtennis liegt in dem pädagogischen Konzept der praktischen Umsetzung pädagogischer Sinnperspektiven (vgl. Kurz, 1992, S. 15–18) im Tischtennis-Unterricht. Unterschiedliche pädagogische Sinnperspektiven lassen sich in folgendem Schema zusammenfassend darstellen (vgl. Horsch 2005, S. 32 ff.):

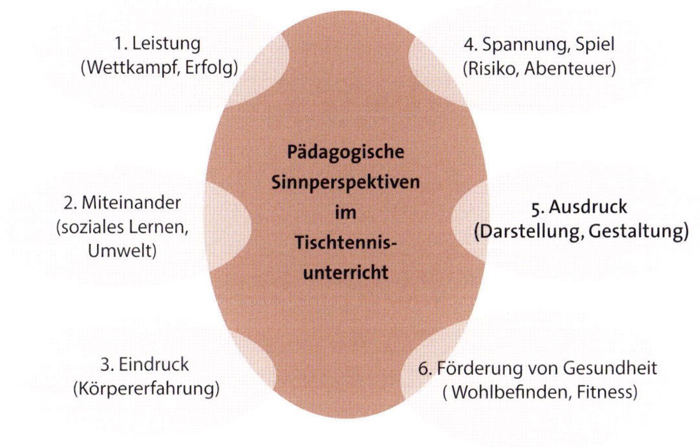

Abb. 1: Pädagogische Sinnperspektiven im Tischtennisunterricht (in Anlehnung an Kurz, 1992)

Eine ausführliche Darstellung der pädagogischen Sinnperspektiven im Tischtennisunterricht erhalten Sie als Download (siehe hintere innere Umschlagseite).

Der gezielte Einsatz von Spiel- und Übungsformen wie Balleimertraining, alternative Spiel- und Wettkampfformen, etc. sollen spezifische Fähigkeiten, Fertigkeiten sowie Kenntnisse im Tischtennis schulen, sodass die Kompetenz des Tischtennisspielens als notwendige Voraussetzung für die Schaffung der Erlebnisperspektive und der Freude beim Tischtennis verdeutlicht wird.

Das Bewegen mit Tischtennis-Schlägern und diversen Bällen nutzt das Spielbedürfnis der Schüler und Schülerinnen zum Erwerb konditioneller und koordinativer Fähigkeiten. Insbesondere Kraft (hier: Schnellkraft und Schnellkraftausdauer), Ausdauer, Geschicklichkeit und Antizipationsfähigkeit werden in spielerischer Form geschult und verbessert. Der kreative Umgang mit Schlägern und Bällen regt die Bewegungsphantasie an und beeinflusst Körperwahrnehmung sowie Bewegungsvorstellung. Rücksichtnahme und Bereitschaft zur gegenseitigen Hilfe (soziales Lernen) haben in diesem Modell ein besonderes Gewicht. Spielen oder „Sich-im-Spielbewegen" sind elementare kindliche Bedürfnisse. Spielen beinhaltet freudvolle Handlungen und Tätigkeiten, die in motivierender und unterhaltender Form die körperlichen und geistigen Kräfte entwickeln und üben. Spielhandlungen sind an Regeln gebunden. Spielen (lassen) begünstigt die soziale, emotionale und psychomotorische Entwicklung der Schüler. Es fördert die Eigenständigkeit zum Sporttreiben, entwickelt konditionelle und koordinative Fähigkeiten und leistet einen elementaren Beitrag zur Kommunikations- und Kooperationsfähigkeit. Sportspiele (hier: Tischtennis) kommen den Bewegungsbedürfnissen der Schüler entgegen, beeinflussen das Freizeitverhalten und entwickeln Spielfertigkeiten und -fähigkeiten. Durch eine integrative Spielerziehung werden vielfältige Bewegungs- und Spielerfahrungen mit verschiedenen Spielgeräten und in unterschiedlichen Spielräumen initiiert (vgl. Ministerium für Bildung, Wissenschaft, Jugend und Kultur Rheinland-Pfalz, 2008, S. 12). Welche Inhalte mit welchen Perspektiven primär oder dominant bzw. sekundär besetzt werden, liegt im pädagogischen Ermessen der Lehrkraft. Handlungs- und Entscheidungsspielräume für die Schüler sowie Offenheit und Improvisation im Sportunterricht stehen als Unterrichtsprinzipien nicht im Widerspruch zu den Ansprüchen von Planmäßigkeit und Effektivität sportlichen Handelns. Dies schafft die Möglichkeit, Sportarten wie Tischtennis sinnvoll einzubinden, wenn sie dem Bildungs- und Erziehungsauftrag der Schule genügen. Zu erwarten ist, dass fast alle Situationen im Tischtennis-Unterricht die pädagogische Sinnperspektive *„Leistung"* berühren wird. Das Leistungsmotiv soll auch immer wieder im Fokus des Unterrichtsgeschehens stehen, da so das Vertrauen in die eigenen Fähigkeiten gestärkt und das Sammeln von Erfahrungen bezüglich Anstrengungen und Trainieren gefördert wird. Die Sinnperspektive der Förderung der Gesundheit, des Wohlbefindens und der Fitness kommt ebenso in allen Unterrichtseinheiten in den einzelnen Teilen (Aufwärmphase, Übungsphase, Spielphase) vor, da alle angebotenen Spiel- und Übungsformen die Förderung der Gesundheit ganzheitlich, das heißt im physischen, psychischen und sozialen Bereich beinhalten. Die Mehrperspektivität pädagogischer Sinngebungen im Tischtennis-Unterricht ist deshalb von Bedeutung, weil unterschiedliche Leistungsmöglichkeiten und motorische Fähigkeiten von Schülern persönlich tief treffen und demotivieren können. Unterschiedliche Leistungen und individuelle Leistungsvoraussetzungen sollen von den Schülern mit Toleranz und „gesunder" Selbsteinschätzung gesehen und auch bei der Bewertung und Notengebung berücksichtigt werden.

Hallen, Geräte und Medien

Das Gelingen einer Sportstunde hängt neben den didaktischen und methodischen Überlegungen auch von den Rahmenbedingungen, sprich den Materialien, Geräten und Medien ab. Bei der Sportart Tischtennis steht man diesbezüglich häufig vor dem Problem, viele Schüler und wenige Tische vorzufinden. Verschärft wird dies oftmals noch durch eine unzureichende Anzahl an Bällen und Schlägern. Die **Doppelstunde Tischtennis** berücksichtigt dies durch entsprechende Organisationen bei den Spiel- und Übungsformen.

Wünschenswert wären genügend Tischtennis-Schläger (für jeden Schüler ein Schläger), genügend Bälle (ein Karton/Balleimer mit ca. 100 Bällen → Balleimertraining), pro vier Schüler einen Tischtennis-Tisch (mindestens; besser ein TT-Tisch pro Spielerpaar), eventuell Spielfeldumrandungen zur Abgrenzung von Spiel- bzw. Übungsstationen, Pylonen (Markierungshütchen) zum Markieren von Laufwegen und als Mittel beim Balleimertraining, Wandtafel oder Flipp-Chart zum Aufzeichnen und Erklären von Spiel- und

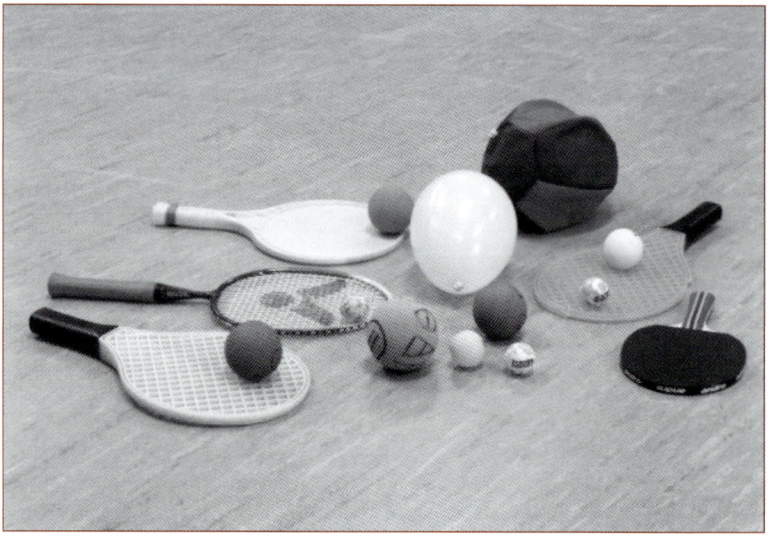

Bild 1: Diverse Schläger und Ballmaterialien

Übungsformen, technischen und taktischen Handlungen im Einzel- oder Doppelspiel. Zusätzlich werden Langbänke und kleine Kästen genutzt, die zur Grundausstattung einer jeden Halle gehören.

Die Schulrealität zeigt, dass viele Schüler Tischtennisschläger zuhause besitzen und zum Unterricht mitbringen können. Hierbei ist darauf zu achten, dass sowohl die Schulschläger als auch die eigenen Schläger von zuhause qualitativ so ausgestattet sind, dass die Beläge „Noppen innen“ (also glatte Beläge) haben, entsprechende Schwammschichten besitzen und „griffig“ sind (der Ball rutscht nicht über den Belag weg), damit die Realisierung von Schlagtechniken gewährleistet ist.

Hilfreich ist auch das Mitbringen unterschiedlicher Schlägermaterialien wie Speckbrettschläger, Beachtennisschläger und ähnlichem, sowie unterschiedlicher Ballarten wie Tennis-Softbällen, Luftballons, Tischtennis-Jumbobällen usw. für die anfänglichen allgemeinen Schläger- und Ballgewöhnungsübungen, falls die Schule diese Materialien selbst nicht besitzt.

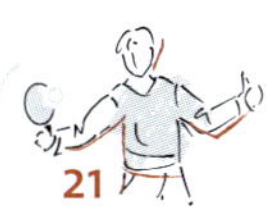

Aufbau der Stunden

Den folgenden 11 Doppelstunden liegt eine einheitliche Struktur zugrunde. Sie sind für circa 80 Minuten ausgerichtet und setzen sich aus den folgenden drei Bausteinen zusammen:

Unterrichtsabschnitt	Zeit	Inhalte/Prinzipien
Aufwärmen	20–25 Minuten	• Physische und psychische Vorbereitung
Übungsphase		• Schläger- und Ballkoordination
Spielphase	25–30 Minuten	• Allgemeine und sportspielgerichtete Spielfähigkeit
Die Spielphase kann auch zweigeteilt werden: • Teil 1 direkt nach dem Aufwärmen • Teil 2 am Ende der Doppelstunde	30–35 Minuten	• Einführung und Schulung technisch-taktischer Inhalte • Spielnahe Wettkampfformen • Unterrichtsprinzip „Spielen lassen“ • Tischtennis Einzel- und Doppelspiele • Alternative Spiele

Die Unterrichtsinhalte orientieren sich hinsichtlich ihres Umfangs an einer fiktiven Durchschnittsklasse der jeweiligen Altersstufe. Sollte der Umfang einer Doppelstunde zu viel sein, können einzelne Teile in der dritten Sportstunde angeboten oder aber aus einer Doppelstunde zwei gemacht werden. Bei zu wenig Angebot empfiehlt es sich, die Spiel- oder Übungsphasen zu verlängern. An Schulen, die zwei oder drei Einzelstunden Sport praktizieren, können die Inhalte aus einer Doppelstunde entsprechend ausgewählt werden.

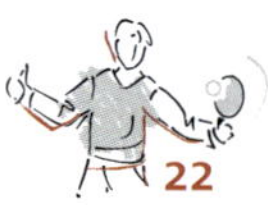

Tischtennis

(Robert Horsch)

II

Drei Doppelstunden für die Klassen 5 und 6 (10- bis 12-Jährige)

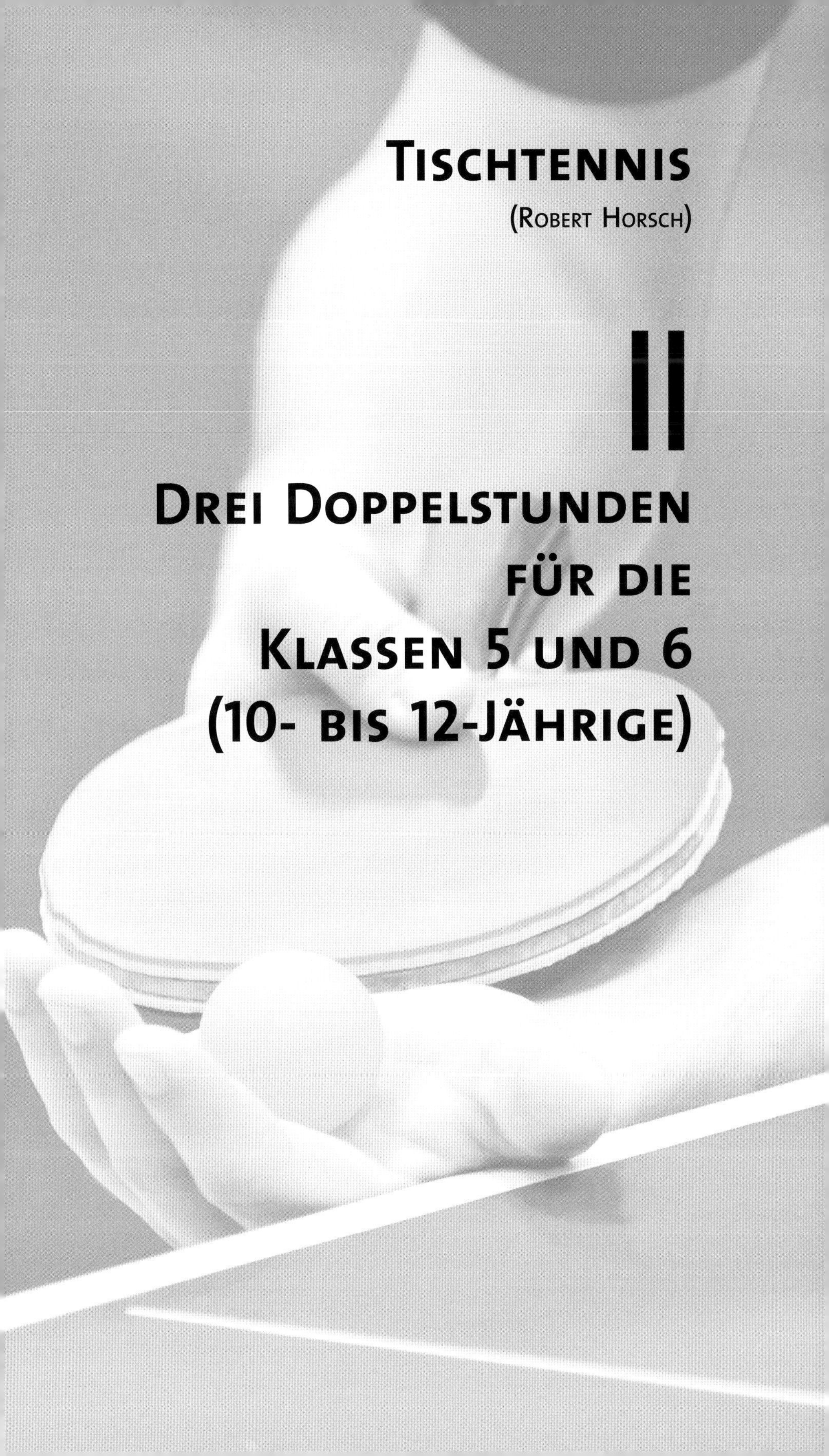

Erstes Zielspiel: Tischtennis-Spielfähigkeit mit Konterschlägen

Grundsätzlich soll die Frage nach einer Methodenkonzeption so beantwortet werden, dass die Konzeption die Richtige ist, die zum erwünschten Ziel führt! Bei der Einführung des Tischtennisspiels allgemein und insbesondere bei der Einführung von Schlagtechniken im Speziellen muss jedoch aufgrund von Ballrichtung, -geschwindigkeit und -rotation der Bezug des Spielausschnitts zum Spielkontext in Sinnzusammenhang stehen. Bei einer Anfängermethodik sind Faktoren wie individuelle Lernvoraussetzungen, räumlich-zeitliche und institutionelle Rahmenbedingungen zu berücksichtigen. Horsch (1997, S.14) beschreibt zwei grundsätzliche Methodenkonzeptionen, die sich in Schule und Verein als relevant und sinnvoll herauskristallisiert haben, wobei als unterrichtsdifferenzierende Maßnahmen auch Mischformen dieser Konzeptionen denkbar sind. Daneben findet sich in der Literatur auch eine „Topspin-Methodik", die mit dem Vorhand-Topspin als erste Schlagtechnik beginnt. Bestimmt wird eine Methodenkonzeption von der Adressatengruppe und dem Ziel. In der Konzeption der **Doppelstunde Tischtennis** wird folgendes Vermittlungsmodell verfolgt, das sich an der Methodikmöglichkeit B (vgl. Horsch, 2010, S. 14) anlehnt.

In der Konzeption der **Doppelstunde Tischtennis** kann nicht auf alle Spieltechniken im Tischtennis eingegangen werden, sondern sie beschränkt sich auf die wichtigsten spielrelevanten Schlagtechniken wie die VH- und RH-Konterschläge, VH- und RH-Topspinschläge, VH- und RH-Block, VH- und RH-Schupfschläge, VH-Schmetterschlag sowie die daraus abzuleitenden Aufschläge. Die Abwehrschläge („lange Unterschnittschläge") und die Ballonschläge werden nicht angesprochen.

Vermittlungsmodell

Schlägerhaltung,
Spielformen zur Schläger- und Ballgewöhnung,
Spielidee und Regelkunde

▼

Spiel- und Übungsformen
zum Erlernen der Schlagtechniken

▼

Methodikmöglichkeit A

▼

Rückhand-Schupfschlag
Rückhand-Schupfaufschlag

▼

Vorhand-Topspinschlag
Rückhand-Block
Vorhand-Topspinaufschlag

▼

Rückhand-Topspinschlag
Rückhand-Topspinaufschlag
Vorhand-Block

▼

Rückhand-Konterschlag
Rückhand-Konteraufschlag
Vorhand-Konterschlag
Vorhand-Konteraufschlag

▼

Vorhand-Schmetterschlag

▼

Vorhand-Schupfschlag
Vorhand-Schupfaufschlag

▼

Methodikmöglichkeit B

▼

Vorhand-Konterschlag
Vorhand-Konteraufschlag
Rückhand-Konterschlag
Rückhand-Konteraufschlag

▼

Vorhand-Topspinschlag
Vorhand-Topspinaufschlag
Rückhand-Block

▼

Rückhand-Topspinschlag
Rückhand-Topspinaufschlag
Vorhand-Block

▼

Vorhand-Schmetterschlag

▼

Vorhand-Schupfschlag
Vorhand-Schupfaufschlag
Rückhand-Schupfschlag
Rückhand-Schupfaufschlag

▼

Ballonschläge, Schmetterschlag gegen hohe Bälle,
Flipschläge, Aufschläge mit Rückwärts-, Vorwärts-/
Seitenrotation, Verteidigungsschläge

Abb. 2: Vermittlungsmodell Tischtennis-Spielfertigkeiten (Horsch, 2010, S. 4)

Doppelstunde 1: Grundlagen – Gewöhnung an Schläger und Ball

Die Spiel- und Übungsformen zur Schläger- und Ballgewöhnung stellen zu Beginn einen eigenen Themenschwerpunkt dar. Die folgenden Spiel- und Übungsformen werden zu Beginn mit Luftballons, verschiedenen Softbällen, verschiedenen Tischtennis-Bällen sowie mit unterschiedlichen Schlägermaterialien (Holzschläger, „Speckbretter", Beach-Tennisschläger usw.) durchgeführt, später dann mit den regulären Tischtennisschlägern und -bällen. Wichtig: Zur Schulung und Verbesserung der Koordination sollen alle Übungen mit der rechten und linken Hand (Lateraltransfer) trainiert werden.

Bevor die Spiel- und Übungsformen mit dem Tischtennis-Schläger ausgeführt werden, wird den Schülern die Shakehand-Schlägerhaltung vermittelt, mit der dann alle Übungen gespielt werden sollen.

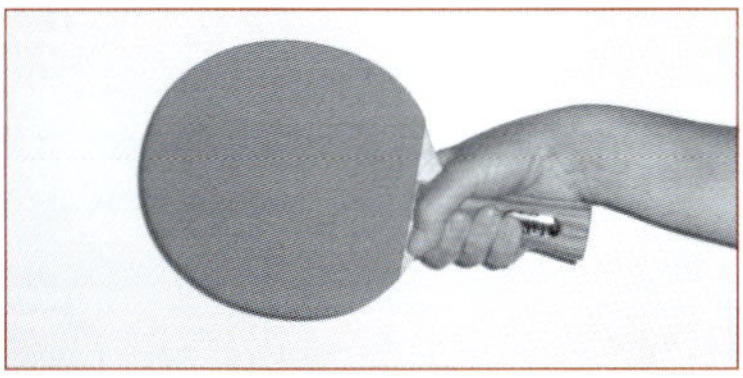

Bild 2: Shakehand-Schlägerhaltung Vorhand

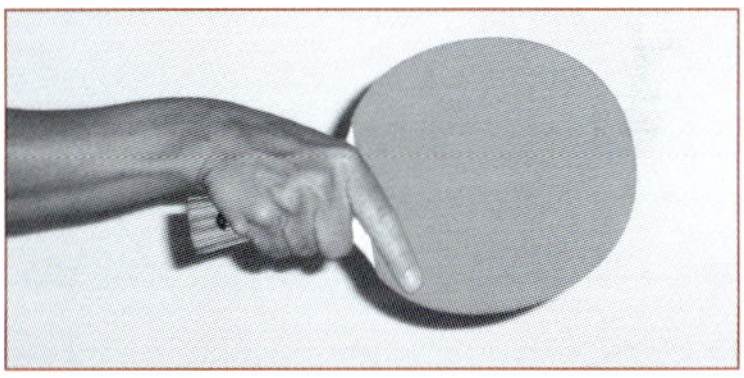

Bild 3: Shakehand-Schlägerhaltung Rückhand

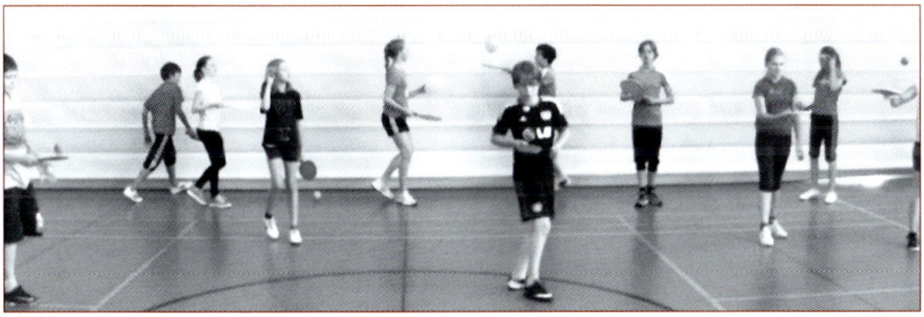

Bild 4: Schläger- und Ballgewöhnung mit verschiedenen Bällen und Schlaggeräten

Tipp: Bei den Schläger- und Ballgewöhnungsübungen hat sich erfahrungsgemäß gezeigt, dass Schüler sehr motiviert werden, wenn sie sich offensichtlich verbessern. Dieses „Besser werden" wird den Schülern bewusst gemacht, indem man die folgenden Spiel- und Übungsformen mit Vorgaben der Anzahl gelungener Treffer angibt, und die eigene Höchstzahl von Übungszeit zu Übungszeit verbessern lässt. So soll erreicht werden, dass es den Schülern um die eigene Verbesserung geht und nicht um einen Vergleich mit anderen.

Beispiel: Der Tischtennis-Ball soll 20-mal mit der Vorhand auf dem Schläger getippt werden. Ist das gelungen, soll beim nächsten Versuch 30-mal geschafft werden.

Spiel- und Übungsformen ohne Partner

Durch die Spiel- und Übungsformen sollen die Verbesserung des Ballgefühls, des peripheren Sehens, des Gefühls für die Schlägerblattstellung, der Auge-Hand-Koordination, der Reaktionsfähigkeit sowie die Förderung des Sozialverhaltens und Rücksichtnahme auf Mitschüler und Mitschülerinnen erreicht werden:

- Die unterschiedlichen Bälle werden mit der Vorhand und Rückhand auf den unterschiedlichen Schlägermaterialien links – rechts bzw. vor – zurück gerollt.
- Der Ball wird in die Luft geschlagen und darf auf dem Boden zunächst mehrmals aufspringen, dann nur noch einmal.
- Der Ball wird im Stand mit der VH-Seite getippt. Dabei wird der Ball flach/hoch gespielt: in der Hocke, im Hochzehenstand, im Sitz u. a.
- Der Ball wird wie o.a. mit der RH-Seite getippt, dann im Wechsel mit RH und VH.
- Der Ball wird in die Luft hochgeschlagen und mit dem Schläger aufgefangen („angesaugt"), ohne dass der Ball auf dem Schläger nachtippt (Achtung: schwierig).
- Die zuvor genannten Übungsformen werden im Gehen, Laufen, Hopser-Sprung, Seitgalopp, Rückwärtslauf u. a. ausgeführt.
- Die o. a. Übungsformen werden in einem begrenzten, immer kleiner werdenden Raum gespielt (z. B. nur innerhalb des Handballfeldes, dann nur innerhalb des Volleyballfeldes, zum Schluss nur innerhalb des mittleren Teils des Volleyballfeldes oder innerhalb des Mittelkreises), in dem sich alle Spieler frei bewegen. Ziel der Spieler ist es, weder den Ball zu verlieren noch einen Mitspieler zu berühren.

- Prellen des Balles in Hüfthöhe mit der Vorhand seitlich vor dem Körper auf den Boden. Mit der Rückhand wird vor dem Körper geprellt. (Dies geht allerdings nur, wenn der Hallenboden geeignet ist, den Ball zurückspringen zu lassen!)
- Variationen: Rückhand/Vorhand im Wechsel, durch die Beine, im Lauf, im Hopsersprung, mit der Nicht- Spielhand.
- Der Tischtennisball wird im Lauf (vorwärts, rückwärts, unterschiedliche Tempi) auf einer Linie (Spielfeldmarkierungen) auf dem Schläger tippend oder auf dem Boden prellend gespielt. Ziel ist es wieder, den Ball nicht zu verlieren und mit niemandem zusammen zu stoßen.

Mit dem „Klein-Erna-Spiel“ lassen sich insbesondere Reaktionsfähigkeit, Ballgefühl, peripheres Sehen, soziales Verhalten und Rücksichtnahme schulen.

„Klein-Erna-Spiel“

Mehrere Spieler (am besten bilden 6 Spieler eine „Familie“) nehmen hintereinander Aufstellung. Jeder Spieler stellt ein „Familienmitglied“ dar, das durch einen Text festgelegt wird. Wird die Person der Familie im Text genannt, muss der Spieler um die gesamte Gruppe („eigene Familie“) herumlaufen und wieder an seinem Ursprungsplatz Aufstellung nehmen. Wird das Wort *„Alle“* gerufen, so müssen alle Spieler gleichzeitig ihre Wege laufen. Dabei werden wieder verschiedene Aufgaben mit Schläger und Ball ausgeführt. Ziel ist es, den Ball nicht zu verlieren und mit niemandem zusammen zu stoßen.

Laufwege der „Familienmitglieder“:

Klein-Erna:	läuft rechts um die Gruppe
Großer Bruder:	läuft links um die Gruppe
Kleines Schwesterchen:	läuft links um die Gruppe
Mutter:	läuft links um die Gruppe
Vater:	läuft rechts um die Gruppe
Hasso, der Hund:	bellt vor jeder Aktion und läuft links um die Gruppe

Textbeispiel:
„Eines Tages sagte die *Mutter* zu *Klein-Erna:* ‚Warum machen wir nicht mal wieder ein Picknick?‘ *Mutter* meinte, dies wäre eine gute Idee. ‚Frag doch mal *Vater* und auch den *großen Bruder* und, wenn du es findest, auch das *kleine Schwesterchen.*‘ Und dann kam auch noch *Hasso* dazu. So stiegen dann *alle* ins Auto. Als sie den Picknickplatz erreicht hatten, sprang *Klein-Erna* aus dem Auto, der

große Bruder folgte und dann das *kleine Schwesterchen*, und *Hasso* hetzte hinterher. Dann stiegen auch noch *Mutter* und zum Schluss *Vater* aus. *Mutter* fand einen guten Platz fürs Picknick. *Klein-Erna* mochte ihn nicht so besonders, aber ihr *großer Bruder* fand, er sei hervorragend. *Hasso* rannte inzwischen weg und *Vater* hinterher, um ihn zu fangen, und die *Mutter* lachte darüber. Auch *Klein-Erna* fand das sehr lustig, nur das *kleine Schwesterchen* konnte nicht verstehen, was dort vorging. Zuletzt kamen *alle* zusammen, hatten gut zu essen und genossen das Picknick sehr. Am Ende des Tages räumte *Mutter* die Essenssachen zusammen. *Vater* kümmerte sich derweil um das *kleine Schwesterchen* und passte auf, dass *Hasso* nichts anstellte. *Klein-Erna* und ihr *großer Bruder* halfen der *Mutter*. Dann stiegen *alle* ins Auto: erst *Hasso*, dann das *kleine Schwesterchen*, der *große Bruder* und *Klein-Erna* auf die Rückbank. Dann *Mutter* und anschließend *Vater*. Zu Hause angekommen sagte *Klein-Erna*: „Das war ein sehr schönes Picknick!“ und *alle* nickten zufrieden“.

Dieses Spiel lässt sich auch ohne Schläger/Ball als Aufwärmspiel durchführen, zum Beispiel mit laufgymnastischen Übungen (Lauf, Sprint, Hüpfen, Seitwärtssteps u. a). um die Gruppe herum.

Ballgefühl, peripheres Sehen, Gefühl für die Schlägerblattstellung, Auge-Hand-Koordination, Reaktionsfähigkeit und die Förderung des Sozialverhaltens sind Zielbereiche folgender Übungsformen:

Ecken-Spiel

Jeder Spieler hat einen Schläger und Ball. Es werden vier Gruppen gebildet, die jeweils in den vier Hallenecken oder vier markierten Spielfeldecken Aufstellung nehmen. Auf Pfiff laufen alle Spieler zur diagonal gegenüberliegenden Gruppe, indem sie den Ball mit dem Schläger auf dem Boden rollen, den Ball mit Vorhand, Rückhand oder im Wechsel Vorhand/Rückhand tippen und jonglieren. Achtung: In der Hallenmitte treffen sich alle Spieler. Ziel der Übungsform ist es, ohne einen Mitspieler zu berühren bzw. den Ball zu verlieren, die gegenüberliegende Ecke zu erreichen.

Nummern-Spiel

Die Gruppen bleiben wie oben zusammen. Jeder Spieler hat seinen Schläger, aber jede Gruppe hat nur einen Ball. Alle Spieler laufen frei durch die Halle. Die Gruppenmitglieder nummerieren sich mit 1, 2, 3, 4, ... durch. Der Spieler mit der „1“ tippt den Ball mit

Vorhand, Rückhand oder im Wechsel Vorhand/Rückhand, je nach Vorgabe.

Auf Zuruf „2“ läuft der Spieler mit der Nummer „2“ zu „1“ und übernimmt den Ball; bei Zuruf „3“ läuft „3“ zu „2“ und übernimmt den Ball, usw.

Variation: Zuerst werden die Zahlen der Reihe nach aufgerufen, dann werden sie durcheinander gerufen.

Spiel- und Übungsformen mit Partner

Zur Schulung der Reaktionsschnelligkeit, Schnelligkeit, Gewandtheit, Antizipation, Zielgenauigkeit, Koordination und Ausdauer führen folgende Spiel- und Übungsformen:

- Der Ball wird mit Vorhand oder Rückhand und im Wechsel Vorhand/Rückhand zu einem Partner gespielt.
  Variationen: Die Distanzen zum Partner werden verändert.

- Der Ball wird mit und ohne Bodenberührung zum Partner gespielt.

- Die Spieler dürfen beim Zuspielen einen bestimmten Aktionsraum (z. B. einen Gymnastikreifen) nicht verlassen.

- Der Ball wird zwischen drei, vier und mehr Spielern im Kreis, Viereck usw. zugespielt. Die Positionen wechseln dabei.

„Tischtennis-Squash“

Der Ball wird mit der Vorhand an die Wand gespielt. Am Anfang lässt man den Ball noch mehrmals, später nur noch einmal auf dem Boden aufspringen. Schließlich wird der Ball auch aus der Luft gespielt.

Variationen:
- Der Ball wird nur mit der Rückhand gespielt.
- Der Ball wird im Wechsel mit VH/RH gespielt.
- Die Abstände zur Wand werden variiert.
- Stellspiel: Der Ball wird einmal auf dem Schläger „gestellt“, dann an die Wand gespielt.
- Zonenspiel: An der Wand werden verschiedene Zonen markiert, in die der Spieler den Ball platzieren muss.

- Wand-Rundlauf: Mehrere Spieler laufen im Kreis um ein Hindernis und spielen abwechselnd den Ball an die Wand. Dabei sind der Lauf-, Raumweg und eine Zielorientierung an der Wand festgelegt.
- Nummern-Wandspiel: Mehrere Schüler werden nummeriert (1, 2, 3, 4, 5 ...). Der Lehrer ruft die Nummern der Reihe nach (oder auch durcheinander) auf; der jeweilige Schüler reagiert und schlägt den Ball an die Wand, Raum und Ziel werden festgelegt.

„Tischtennis-Squash" als Wettspiel

In einem begrenzten Spielfeld und Raum an der Wand darf der Ball erst mehrmals, dann nur einmal aufspringen. Die Spieler versuchen, den Ball für den Mitspieler unerreichbar im Spielfeld zu schlagen.

Variation: Wettkampf als Einzel- oder Doppelspiel gegeneinander.

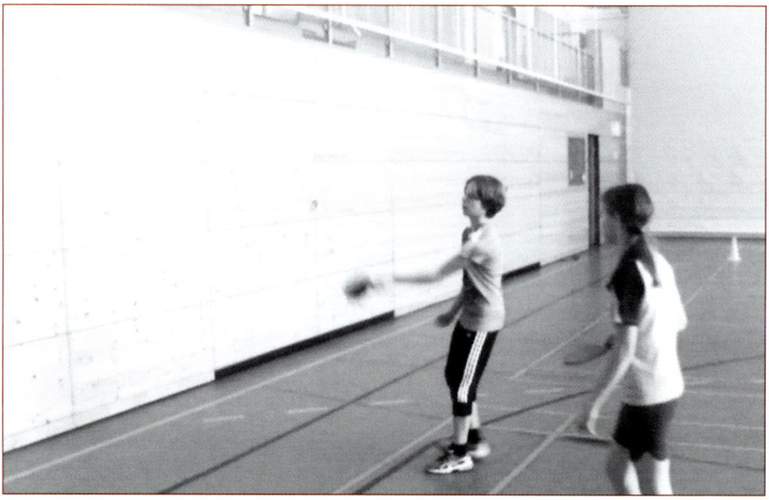

Bild 5: Tischtennis-Squash

Tischtennis-Tennis

Über eine Bank oder Spielfeldumrandung wird mit der VH miteinander gespielt. Der Ball darf erst mehrmals aufspringen, dann nur noch einmal, später auch volley aus der Luft gespielt werden. Variiert werden kann in der Spielfeldgröße, im Einzel- und Doppelspiel, im Miteinander und später als Wettkampf gegeneinander.

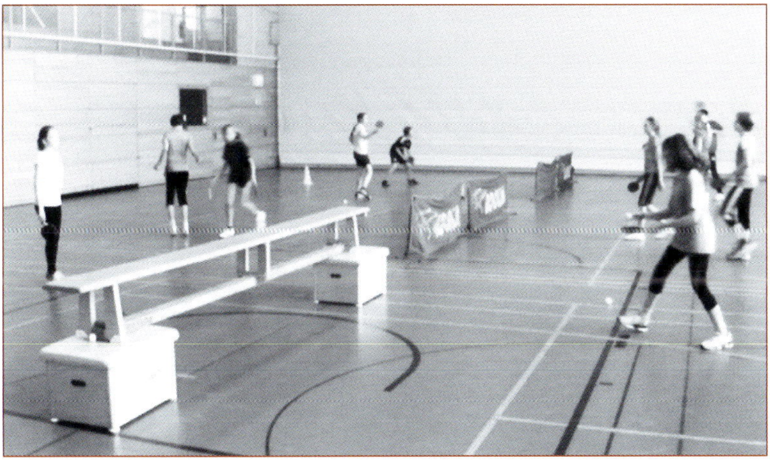

Bild 6: Tischtennis-Tennis

Variationen:

- Der Ball wird nur mit der Rückhand gespielt.
- Der Ball wird im Wechsel mit VH/RH gespielt.
- Stellspiel: Der Ball wird einmal auf dem Schläger „gestellt“, dann über die Umrandung gespielt.
- Rundlauf: Mehrere Spieler laufen im Kreis um ein Hindernis und spielen abwechselnd den Ball über die Umrandung. Dabei ist der Laufweg festgelegt.
- Nummern Tischtennis-Tennis: Mehrere Schüler werden nummeriert (1, 2, 3, 4, 5 ...). Der Lehrer ruft die Nummern der Reihe nach (oder auch durcheinander) auf; der jeweilige Schüler reagiert und schlägt den Ball über die Umrandung zum Gegenüber.
- Doppelspiel nach Tennis-Regeln: Die Doppelpaarungen spielen miteinander; es darf der Schüler den Ball schlagen, der besser zum Ball steht.
- Doppelspiel nach Tischtennis-Regeln: Die Doppelpaarungen spielen miteinander; der Ball muss aber abwechselnd geschlagen werden.
- Doppelspiele gegeneinander als Wettkampf (entweder nach Tennis- oder Tischtennis-Regeln)

Ziele: Reaktionsschnelligkeit, Schnelligkeit, Gewandtheit, Antizipation, Zielgenauigkeit, Koordination, Ausdauer, Zuspielgenauigkeit, Ballgefühl, Zuspiel in der Bewegung, genaue Platzierung, Beinarbeit, soziales Verhalten.

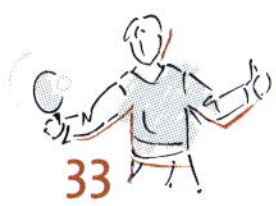

Tischtennis-Sportabzeichen

Aufgabenstellung	Du hast Talent	Du bist gut	Du bist spitze
	★	★ ★	★ ★ ★
1. Tippe den Ball ohne Unterbrechung auf dem Schläger. (max. 3 Versuche)	mind. 10x	mind. 20x	mind. 50x
2. Tippe den Ball abwechselnd mit Vorhand und Rückhand, wobei jeder Ballkontakt zählt (max. 3 Versuche)	mind. 10x	mind. 20x	mind. 50x
3. Ziele genau! Schlage 10x den TT-Ball mit einmaliger Bodenberührung oder ohne Bodenberührung aus 3 m Entfernung in einen kleinen Kasten!	mind. 3x	mind. 5x	mind. 7x
4. Spiele den Ball mit Rückwärtsrotation! Der TT-Ball muss über mind. 5 m auf den Hallenboden so weggeschlagen werden, dass er wieder zum Spieler zurück rollt! (max. 3 Versuche)	Ball rollt leicht zurück!	Ball rollt 1–2 m zurück!	Ball rollt fast bis zum Spieler zurück!
5. Slalom balancieren! Über eine Strecke von 6 m um 5 Slalomstangen mit dem Ball auf dem Schläger tippend hin und zurück balancierend laufen!	max. 25 Sek.	max. 18 Sek.	max. 11 Sek.

Gesamtergebnis

Bewertungsmöglichkeit: Bei mindestens 4 erfüllten Aufgaben in einer der Kategorie ist das Gesamtergebnis „ Du hast Talent", „Du bist gut", „Du bist spitze"!

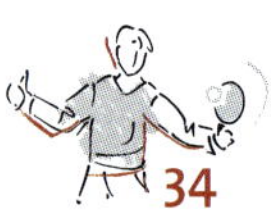

Doppelstunde 1: *Gewöhnung an Schläger und Ball*

Stundenabschnitte und Unterrichtsinhalte	Organisatorische Hinweise
Aufwärmphase	

Spiel- und Übungsformen ohne Partner

Die Übungs- und Spielformen für die Aufwärm- und Spielphase können aus dem Aufgabenpool der Seite 28 ff. zusammengestellt werden.

Übung 1

- Unterschiedliche Bälle werden mit der Vorhand und Rückhand auf den unterschiedlichen Schlägermaterialien links – rechts bzw. vor – zurück gerollt.
- Der Ball wird in die Luft geschlagen und darf auf dem Boden zunächst mehrmals aufspringen, dann nur noch einmal.
- Der Ball wird im Stand mit der VH-Seite getippt. Dabei wird der Ball flach/hoch gespielt: in der Hocke, im Hochzehenstand, im Sitz u. a.
- Der Ball wird wie o. a. mit der RH-Seite getippt, dann im Wechsel mit RH und VH.

Jeder Schüler hat einen Schläger und einen Ball.

Während der Aufwärmphase sollen die Schüler die Schläger und Bälle häufig wechseln.

Die Übungen sollen mit der rechten und linken Hand ausgeführt werden.

Übung 2

- Die zuvor genannten Übungsformen werden im Gehen, Laufen, Hopser-Sprung, Seitgalopp, Rückwärtslauf u. a. ausgeführt.
- Prellen des Balles in Hüfthöhe mit der Vorhand seitlich vor dem Körper auf den Boden. Mit der Rückhand wird vor dem Körper geprellt. (Dies geht allerdings nur, wenn der Hallenboden geeignet ist, den Ball zurückspringen zu lassen!)
- Variationen: Rückhand/Vorhand im Wechsel, durch die Beine, im Lauf, im Hopser-Sprung, mit der Nicht- Spielhand.
- Der Tischtennisball wird im Lauf (vorwärts, rückwärts, unterschiedliche Tempos) auf einer Linie (Spielfeldmarkierungen) auf dem Schläger tippend oder auf dem Boden prellend gespielt.

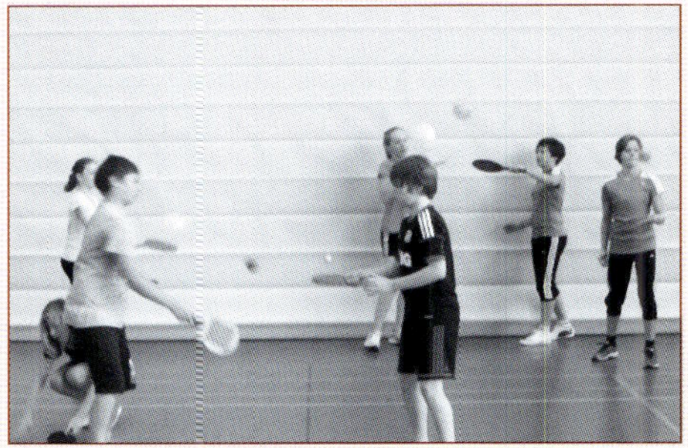

Bild 7:
Schläger- und Ballgewöhnungsübungen

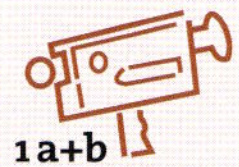

1a+b
2
3a+b
4a+b

Die Übungsformen werden in einem begrenzten, immer kleiner werdenden Raum gespielt (z. B. nur innerhalb des Handballfeldes, dann nur innerhalb des Volleyballfeldes, zum Schluss nur innerhalb des mittleren Teils des Volleyballfeldes oder innerhalb des Mittelkreises), in dem sich alle Spieler frei bewegen. Ziel der Schüler ist es, weder den Ball zu verlieren noch einen Mitspieler zu berühren.

Übung 3

- „Klein-Erna-Spiel"
- „Ecken-Spiel"
- „Nummern-Spiel"

Ziel ist es, den Ball nicht zu verlieren und mit niemandem zusammen zu stoßen.

Siehe die Erläuterungen zu den Übungsformen zu Übung 3 auf Seite 29 ff.

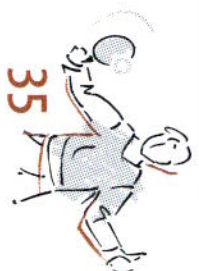

Stundenabschnitte und Unterrichtsinhalte	Organisatorische Hinweise

Spielphase

Spielform *„Tischtennis-Squash“*

Der Ball wird mit der Vorhand an die Wand gespielt. Am Anfang lässt man den Ball noch mehrmals, später nur noch einmal auf dem Boden aufspringen. Schließlich wird der Ball auch aus der Luft gespielt.

Variationen
- Der Ball wird nur mit der Rückhand gespielt.
- Der Ball wird im Wechsel mit VH/RH gespielt.

Spielform *„Tischtennis-Squash als Wettkampf“*

In einem begrenzten Spielfeld und Raum an der Wand darf der Ball erst mehrmals, dann nur einmal aufspringen. Die Spieler versuchen, den Ball für den Mitspieler unerreichbar im Spielfeld zu schlagen.

Variation: Wettkampf als Einzel- oder Doppelspiel gegeneinander.

Spielform *„Tischtennis-Tennis“*

Über eine Bank oder Spielfeldumrandung wird mit der VH miteinander gespielt. Der Ball darf erst mehrmals aufspringen, dann nur noch einmal, später auch volley aus der Luft gespielt werden. Variiert werden kann in der Spielfeldgröße, im Einzel- und Doppelspiel, im Miteinander und später als Wettkampf gegeneinander.

Variationen
- Der Ball wird nur mit der Rückhand gespielt.
- Der Ball wird im Wechsel mit VH/RH gespielt.

Spielform *„Tischtennis-Tennis als Wettkampf“*

In einem begrenzten Spielfeld wird nach Tischtennis-Regeln Wettkampf als Einzel- oder Doppelspiel gegeneinander gespielt.

Organisatorische Hinweise:

Jeder Schüler hat einen Tischtennisschläger und -ball.
Je nach Spielform als Einzel-, Doppel- oder Gruppenspiel mit 4–6 Schülern. Wettkämpfe als Einzel- oder Doppelwettkämpfe.

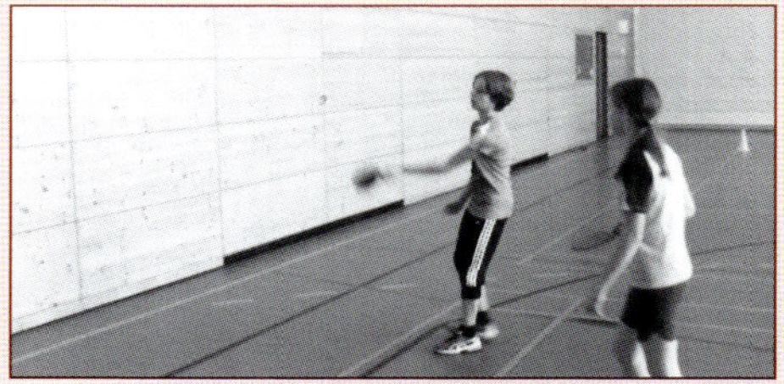

Bild 8: Tischtennis-Squash

5

Hindernisse („Spielfeldnetze“) können Tischtennis-Spielfeldumrandungen oder Langbänke auf kleine Kästen gestellt sein. Je höher das Hindernis, desto langsamer wird das Spiel. Je niedriger (z. B. Langbank auf dem Boden), desto schneller wird das Spiel.

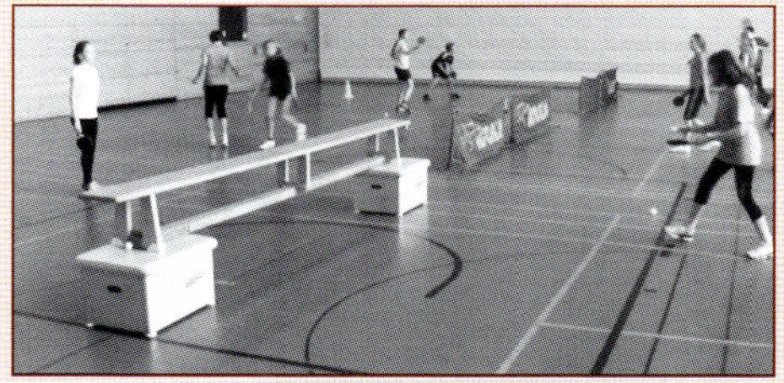

Bild 9: Tischtennis-Tennis

6a+b

Tipp: Badmintonspielfeldmarkierungen eignen sich besonders gut als Spielfeld.

Abschluss

Spielform *„Tischtennis-Sportabzeichen“* (siehe Seite 34)

Materialien: kleine Kästen, Markierungshütchen, Stoppuhr.

Doppelstunde 2: Einführung des Vorhand-Konterschlages und -aufschlages

Die erste Schlagtechnik, die eingeführt wird, soll der Konterschlag sein (vgl. Horsch, 2005, S. 59). Aus der Erfahrung mit vielen Schülergruppen ist der Vorhand-Konterschlag in Verbindung mit dem Rückhand-Konterschlag eine attraktivere Schlagtechnik als zum Beispiel der Schupfschlag. Zudem ist der Konterschlag leichter erlernbar, da der Treffpunkt des Balles mit relativ senkrecht stehendem Schlägerblatt einfacher ist und den Bällen keine/kaum Rotation mitgegeben wird. Dies erleichtert das Spiel für alle Schüler im Miteinander-, aber auch Gegeneinander-Spiel. Eine Einführung des Tischtennis-Spiels über Schupfschläge oder Topspin-Schläge wird zwar auch diskutiert, stellt aber aufgrund der Rückwärts- und Vorwärtsrotation, die dem Ball verliehen wird, und dem tangentialen Treffen des Balles erfahrungsgemäß höhere Anforderungen an die Schüler.

Die Grundstellung oder Ballerwartungshaltung beim gegnerischen Aufschlag

Die Grundstellung oder Ballerwartungshaltung ist die Stellung des Spielers, wenn er den gegnerischen Aufschlag erwartet. Dabei steht der Spieler etwa 50–80 cm (Tipp: Unterarmlänge) von der Tischgrundlinie entfernt, mehr zur linken Seite seiner Rückhandfläche postiert. So kann der Spieler am schnellsten auch auf längere Aufschläge in die Rückhandseite reagieren und mit der eigenen Vorhand das Spiel direkt aktiv gestalten (z. B. mit Vorhand-Topspin). Der Oberkörper ist

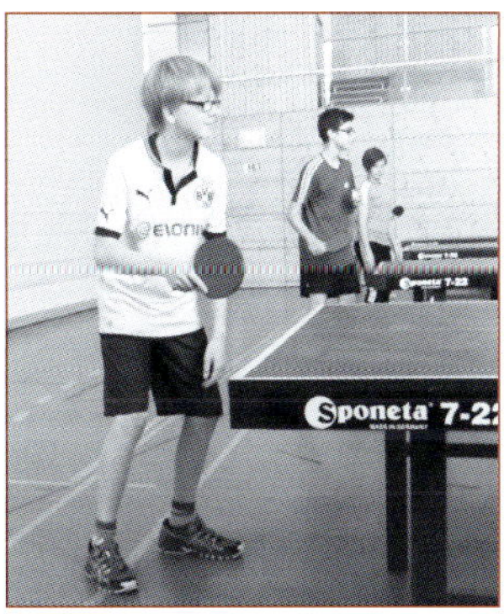

Bild 10: Ballerwartung des gegnerischen Aufschlags

dabei nach vorne gebeugt und das Körpergewicht liegt auf den Fußballen gleichmäßig auf beide Beine verteilt. Die Beine sind schulterbreit geöffnet und die Knie haben eine leichte Innenstellung. Der Schlagarm ist leicht angewinkelt, wobei sich der Ellenbogen in Körpernähe befindet. Durch ein leichtes Tippeln von einem Fuß auf den anderen in der Grundstellung kann eine verbesserte „Vorstartspannung" zu einer schnelleren Bewegung erreicht werden.

Die Ausgangsstellung

Die Ausgangsstellung oder auch neutrale Stellung lässt den Spieler die anzuwendende Schlagtechnik optimal ausführen. Denn der Spieler nimmt aus Gründen der kurzen Zeitfrequenz zwischen den Schlägen nicht mehr die Grundstellung ein, sondern stellt sich aus der Situation heraus so zum nächstfolgenden Ball, dass er möglichst variabel weitere geeignete Schlagtechniken anwenden kann.

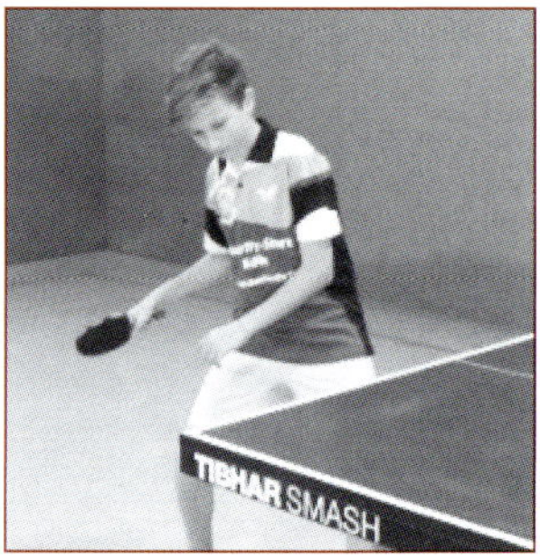

Bild 11: Die Ausgangsstellung

Die Balltreffpunkte

Die Balltreffpunkte und Schlägerblattstellungen sind für die Anwendung von Schlagtechniken von Bedeutung. So wird zum Beispiel der Ball beim Konterschlag in der aufsteigenden Phase, spätestens am höchsten Punkt seiner Flugkurve getroffen. Der frühe Topspinschlag trifft den Ball in der aufsteigenden Phase, spätestens am

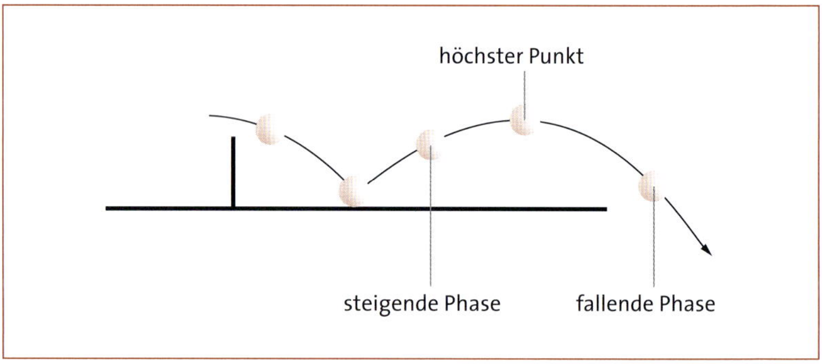

Abb. 3: Balltreffpunkte

höchsten Punkt, während der späte Topspinschlag den Ball in der fallenden Phase trifft. Der Block trifft den Ball zu Beginn der aufsteigenden Phase der Flugkurve, während beim Schupfschlag der Ball am höchsten Punkt oder in der fallenden Phase gespielt wird.

Die Schlägerblattstellungen

Die Schlägerblattstellungen sind relevant für die Ausführung der unterschiedlichen Schlagtechniken. So trifft beispielsweise der Schupfschlag bzw. Schupfaufschlag mit geöffnetem Schlägerblatt den Ball tangential unterschiebend, der Konterschlag bzw. Konteraufschlag mit senkrecht bis leicht geschlossenem Schlägerblatt, während der Topspinschlag bzw. Topspinaufschlag den Ball mit geschlossenem bis leicht geschlossenem Schlägerblatt trifft.

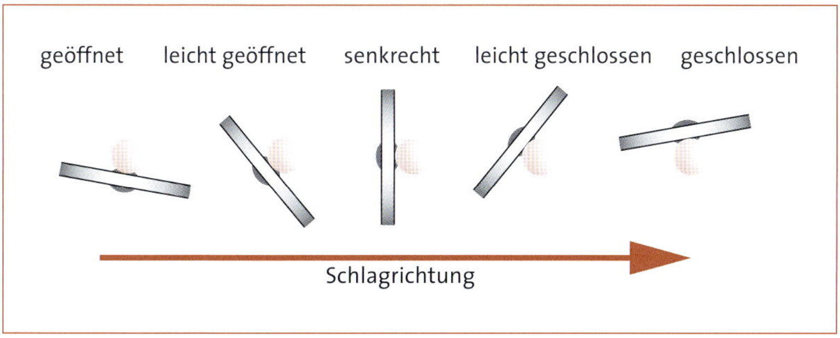

Abb. 4: Schlägerblattstellungen

Die Schlagprinzipien

Die Vorwärtsrotation und Rückwärtsrotation sind die zwei grundsätzlich verschiedenen Rotationsrichtungen des Balles. Ein völlig rotationsloser Ball ist sehr selten, und nur möglich, wenn der Schlagimpuls bei senkrechter Schlägerblattstellung genau auf den Schwerpunkt des Balles gerichtet ist.
Je mehr der Ball tangential, also schräg zur Flugrichtung, getroffen wird, umso mehr Rotation („Schnitt") erhält der Ball. Um die Fachbegriffe im Verlauf des Buches zu verdeutlichen, zeigt die folgende Darstellung die Schlagprinzipien, die zu mehr oder weniger starken Vorwärts- bzw. Rückwärtsrotationen führen. Die unterschiedlichen Rotationen haben Auswirkungen auf das Sprungverhalten und die Wirkung auf den gegnerischen Schläger. Die folgenden Darstellungen geben einen Überblick über die Rotationen, das Sprungverhalten des Balles und die Wirkung auf den gegnerischen Schläger:

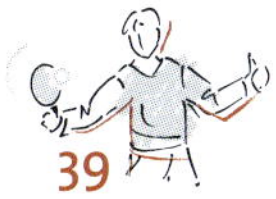

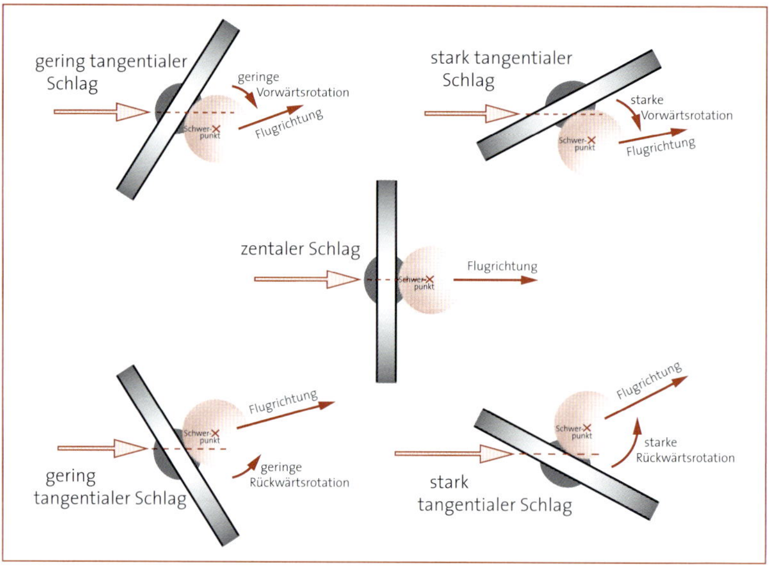

Abb. 5-9: Schlagprinzipien

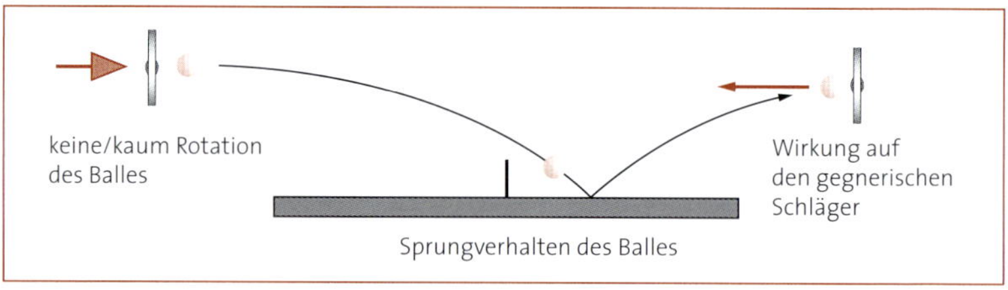

Abb. 10: Verhalten und Wirkung des Balles beim Konterschlag (Idealfall)

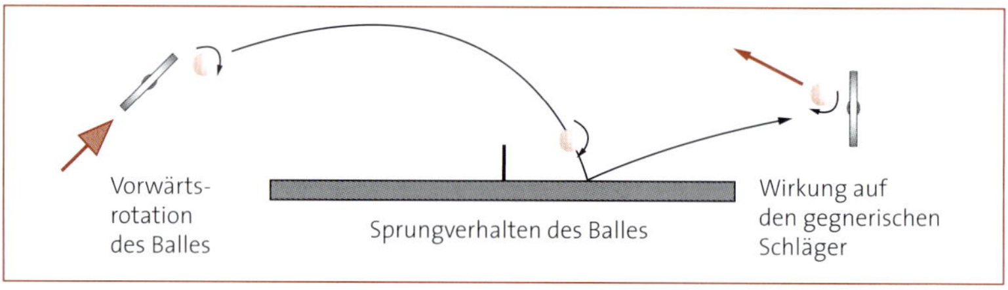

Abb. 11: Verhalten und Wirkung des Balles beim Topspin

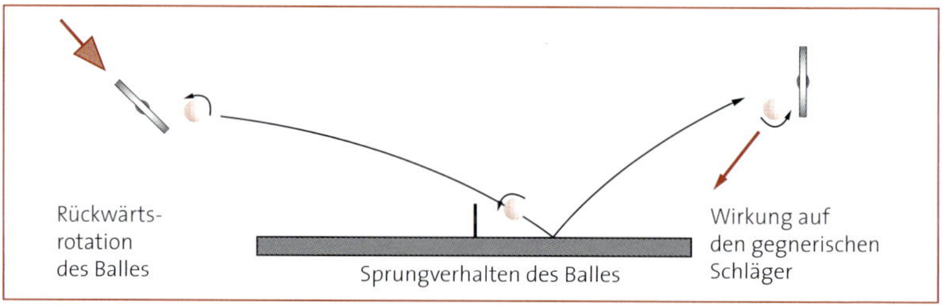

Abb. 12: Verhalten und Wirkung des Balles beim Schupfschlag

Die Doppelstunde 2 stellt mit der Einführung des Vorhand-Konterschlages den ersten Schritt vom sportspielgerichteten zum sportspielspezifischen Lernen dar. Es werden zwei methodische Vorgehensweisen vorgestellt, die sich beim Erlernen von Schlagtechniken erfolgversprechend herauskristallisiert haben: a) das Einführen und Trainieren der Schlagtechniken mit Hilfe des **Balleimertrainings**, und b) mit Hilfe einer **methodischen Übungsreihe**.

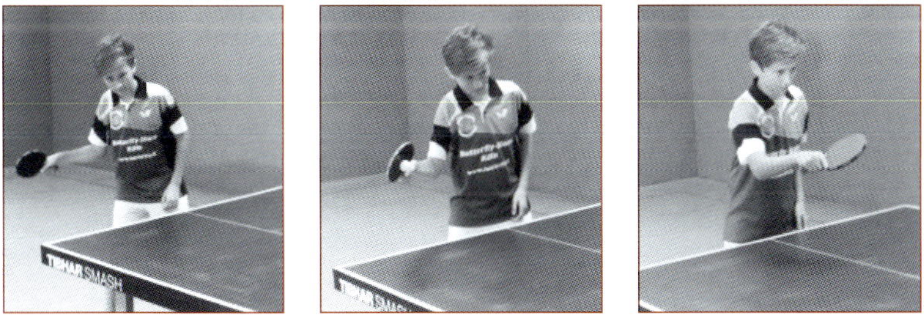

Bilder 12–14: VH-Konterschlag

Bewegungsbeschreibung

In der *Ausgangsstellung* sind die Beine gebeugt und schulterbreit geöffnet. Der linke Fuß steht etwa eine Fußlänge vor dem rechten. Der Oberkörper ist leicht nach vorne gebeugt und das Körpergewicht gleichmäßig auf beide Beine verteilt. Der Rumpf steht schräg zur Tischgrundlinie. Der Schlagarm befindet sich seitlich vor dem Korper. Die Stellung des Schlägerblattes ist senkrecht bis leicht geschlossen. Der Schlagarm bleibt während des gesamten Schlages leicht angewinkelt. Der Rumpf dreht sich in der *Ausholphase* leicht nach rechts, dadurch verlagert sich das Körpergewicht auf das rechte Bein. Der Schlagarm wird gleichzeitig kurz nach rechts zurückgeführt. Dabei ist zu beachten, dass der Schläger relativ geradlinig nach hinten geführt wird und über Tischhöhe bleibt. Die *Schlagphase* beginnt, wenn der Rumpf wieder nach vorne gedreht wird, wobei das Körpergewicht vom rechten auf das linke Bein verlagert wird. Der Schlagarm schwingt gleichzeitig mit der Rumpfdrehung nach vorne in Richtung Netz und hat eine leichte Aufwärtsbewegung. Individuell: Die Schlagbewegung kann durch einen leichten Handgelenkeinsatz unterstützt werden. Der *Treffpunkt des Balles* liegt seitlich vor dem Körper. Der Schläger ist über Tischhöhe und vor dem Ball. Der Ball wird am Ende der aufsteigenden Phase, spätestens am höchsten Punkt seiner Flugkurve frontal getroffen und geschlagen; kein Überziehen des Balles. In der *Ausschwungphase* wird der Körperschwung auf dem linken Bein abgefangen. Der Schlagarm und die Schlägerspitze schwingen in Schlagrichtung weiter bis vor den Kopf. Danach wird die Ausgangsstellung wieder eingenommen. Mögliche Variante: Die Körperstellung bleibt in der *Ausgangsstellung* parallel zur Tischgrundlinie. Die *Ausholphase* wird daher mit einer kurzen und geringen Drehung im Hüft- und Schulterbereich nach rechts ausgeführt. In der *Schlagphase* schwingt der Schlagarm mit einer leichten Aufwärtsbewegung nach vorne. Hierbei ist ein stärkerer Handgelenkeinsatz notwendig. Die *Ausschwungphase* erfolgt direkt durch ein Abbremsen der Bewegung nach dem Treffen des Balles.

Erlernen des Vorhand-Konterschlages mit Hilfe des Balleimertrainings

Das Balleimertraining

Das Balleimertraining oder auch „Many-Balls" genannt (vgl. Horsch 1997, 2005) stellt eine Intensivierung von Übungsformen zur Technikschulung und zur Einführung von Schlagtechniken dar. Insbesondere bei der Anfängerschulung hat sich diese Form des Trainings bewährt und eröffnet gerade im Schulbereich bei großen Lerngruppen und relativ wenigen Tischen die Möglichkeit, intensive und motivierende Übungen durchzuführen. Ein Zuspieler steht mit einem Balleimer oder Ballkarton voller Bälle (ca. 80–100 Bälle) seitlich neben dem Tisch und spielt dem Übenden bzw. je nach Organisation den Übenden kontinuierlich Bälle zu. Dabei ist darauf zu achten, dass das Zuspiel der Bälle hinsichtlich Platzierung, Rotation und Ein-/Ausfallwinkel der Bälle vom Tisch spielrelevant sind.

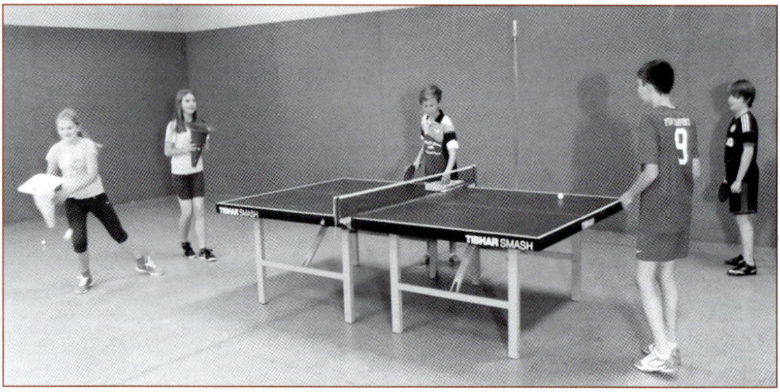

Bild 15: Balleimertraining

Mögliche Varianten der Zuspieltechnik sind Folgende:

- Das Zuspiel ohne Schläger aus der Hand („Zuwerfen"). Dieses Zuwerfen eignet sich bei Unerfahrenheit mit dem „Schläger-Zuspiel". Nachteil: oftmals für das Spiel nicht relevante Situationen.

- Das Zuspiel mit dem Schläger aus der Hand (direktes Zuspiel). Der Zuspieler spielt mit dem Schläger die Bälle direkt aus der Hand in die gegnerische Tischhälfte. Nachteil: oftmals nicht relevante Ein-/Ausfallwinkel beim Sprungverhalten des Balles.

- Empfehlenswert: Das indirekte Zuspiel mit dem Schläger aus der Hand („indirekter Aufschlag"). Der Zuspieler lässt den Ball erst einmal senkrecht vor sich auf dem Tisch aufspringen und spielt ihn dann über das Netz auf die andere Tischhälfte. Diese Form des Zuspiels bietet eine bestmögliche Kontrolle und Zuspielrelevanz.

Das Balleimertraining bietet den großen Vorteil, dass die Spielhandlungen nicht durch Pausen beim Ballholen unterbrochen, sondern kontinuierlich geübt werden. Dadurch kommt es gerade im Anfängerbereich zu einer schnelleren Automatisierung von Schlagbewegungen. Entsprechend kann über eine Zeiteinheit gleichmäßig belastend gearbeitet werden. Der Zuspieler kann jederzeit in der Rotation des Balles und im Rhythmus des Zuspiels variieren. In Anlehnung an die Belastungsnormen der Trainingsmethoden werden Serien von zehn, zwanzig, bis zu fünfzig Bällen schneller oder langsamer zugespielt. Sobald der Zuspieler gravierende Bewegungsfehler beim Übenden bemerkt, sollte die Übung unterbrochen und korrigiert werden. Sollte eine Fehlerhäufigkeit durch Ermüdung auftreten, wird die Übung abgebrochen.

Das Balleimertraining kann als Trainingsstation eingerichtet, aber auch an mehreren Tischen parallel geübt werden. Gleichzeitig können mehrere Schüler an einem Tisch beschäftigt werden, deren Motivation durch die Zuweisung der verschiedensten Aufgaben erzielt wird (Aufgaben: Zuspieler, Übender, Ballsammler, gespielte Bälle mit einem Eimer oder Markierungshütchen auffangen).

Durch die Vereinfachung des Zuspiels werden einzelne Schlagtechniken verfeinert, taktische Verhaltensweisen geschult und konditionelle Fähigkeiten verbessert.

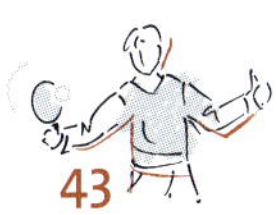

Beispiel zum Balleimertraining Vorhand-Konterschlag

Der Zuspieler spielt dem Übenden die Bälle ohne Rotation als frontal getroffener Konterschlag kontinuierlich in die Vorhandseite zu. Der Übende schlägt den Ball mit der erklärten Vorhand-Konterschlagtechnik diagonal zurück.

Ein Mitschüler hat die Aufgabe, die gespielten Bälle mit einem Markierungshütchen zu reagieren und aufzufangen. Zwei weitere Mitschüler sammeln die Bälle, die auf den Boden fallen, auf. Alle Ballsammler sorgen dafür, dass der Balleimer immer wieder mit Bällen gefüllt wird.

Es können so auch mehrere Schüler als Übende agieren, indem jeder Schüler zehn Vorhand-Konterschläge spielt, dann der nächste an der Reihe ist. Nach einiger Zeit wechseln die Aufgaben für die Schüler.

Doppelstunde 2: *Einführung Vorhand-Konterschlag und -aufschlag*

Stundenabschnitte und Unterrichtsinhalte	Organisatorische Hinweise
Aufwärmphase	
Übung 1 Die Schüler tippen den Ball mit der Vorhandseite, Rückhandseite, im steten Wechsel VH-/RH-Seite, mit der rechten Hand, mit der linken Hand frei laufend durch die Halle. Dabei werden gleichzeitig Übungen des Lauf-ABC wie Kniehebelauf, Anfersen, Hopser-Sprung, Rückwärtslauf, Seitgalopp, Hüpfen auf dem rechten Bein vorwärts, Hüpfer auf dem linken Bein rückwärts, Armkreisen mit dem freien Arm vorwärts/rückwärts usw. ausgeführt	**Raum:** ganze Halle Jeder Schüler hat einen Tischtennis-Schläger und -Ball. **Ziel:** Der Ball darf nicht verloren werden und man darf niemanden berühren (Reaktion, Antizipation, peripheres Sehen) 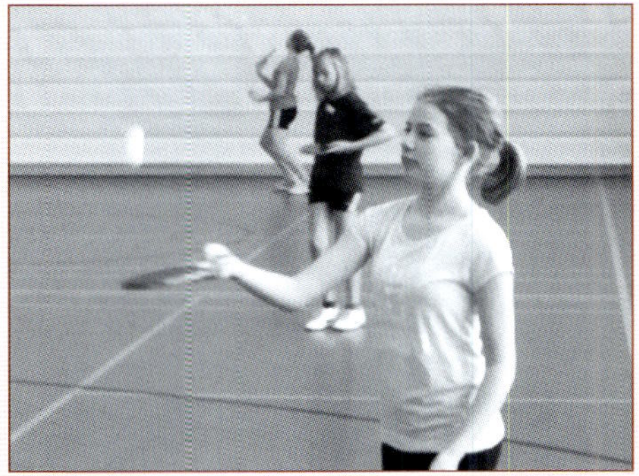 Bild 16: Tippen des Balles 2
Übung 2 Die Schüler spielen sich paarweise den mit der Vorhandseite frontal getroffenen Ball (Konterschlag) zu, indem der Ball erst mehrmals, dann nur noch einmal auf dem Boden aufspringen darf. **Variationen** • Aus dem Gymnastikreifen genaues Zuspielen. • Der Ball darf einmal aufspringen oder auch volley aus der Luft geschlagen werden. • Die Entfernung der beiden Spieler wird verändert. • Die Schüler spielen die Übungen immer wieder auch mit dem „schwächeren“ Schlagarm zu (Rechtshänder mit links/Linkshänder mit rechts).	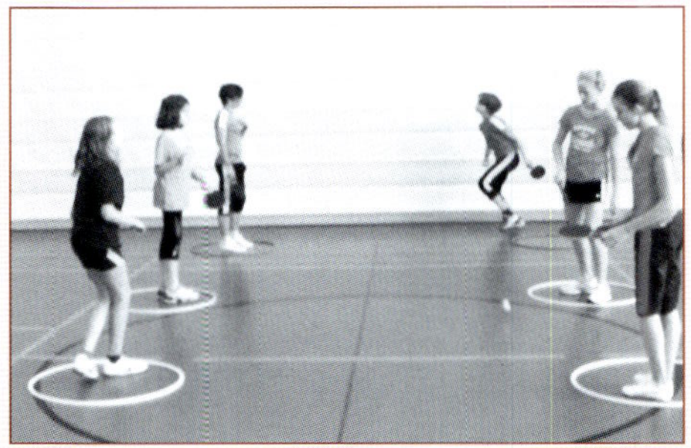 Bild 17: Zuspielen des Balles aus dem Gymnastikreifen 9

Stundenabschnitte und Unterrichtsinhalte	Organisatorische Hinweise

Spiel- und/oder Übungsphase

Einführung des VH-Konterschlages

Übungsform 1

- Den Ball zwei- bis dreimal auf der Vorhand-Tischseite aufspringen lassen und mit der Vorhand-Konterschlagtechnik diagonal zum Partner schlagen. Dieser fängt den Ball auf und spielt ebenso zurück. Wichtig ist, den Ball ohne Rotation frontal zu treffen.
- Die oben genannte Übungsform wird wiederholt, jedoch darf der Ball nur noch einmal aufspringen.
- „Indirekter Konteraufschlag“ diagonal zum Partner, der den Ball direkt zurück kontert. Der Aufschläger fängt den Ball auf und spielt erneut. Jeder Spieler übt mehrere Male.
- „Indirekter Vorhand-Konteraufschlag“ und Ausspielen des Ballwechsels.
- Die Ballwechsel beginnen mit einem regulären VH-Konteraufschlag (Hinweis: gleiche Bewegungstechnik, aber der Ball muss zuerst auf der eigenen Tischhälfte über das Netz in die gegnerische Tischhälfte gespielt werden!)

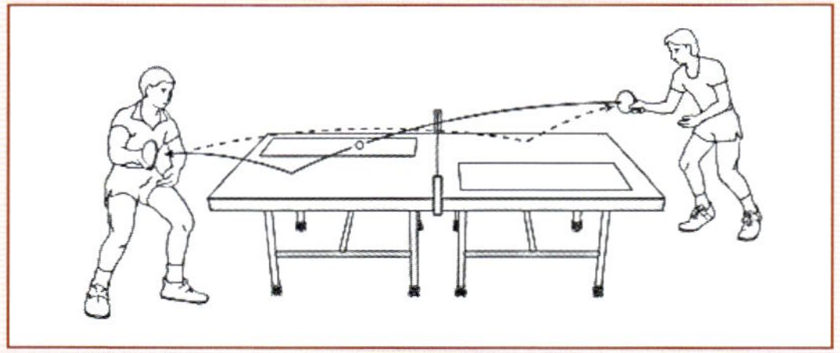

Abb. 13: VH-Konterschlag diagonal

7

8

Alternativ bzw. zusätzlich Balleimertraining

An einem Tisch übt ein Schüler mit Hilfe des Balleimertrainings die VH-Konterschlagtechnik. Ist ein Spieler im Zuspiel beim Balleimertraining geübt (z. B. Vereinsspieler), kann an mehreren Tischen Balleimertraining gespielt werden.

An den anderen Tischen werden die Lernschritte der Übungsform 1 miteinander durchgespielt und geübt.

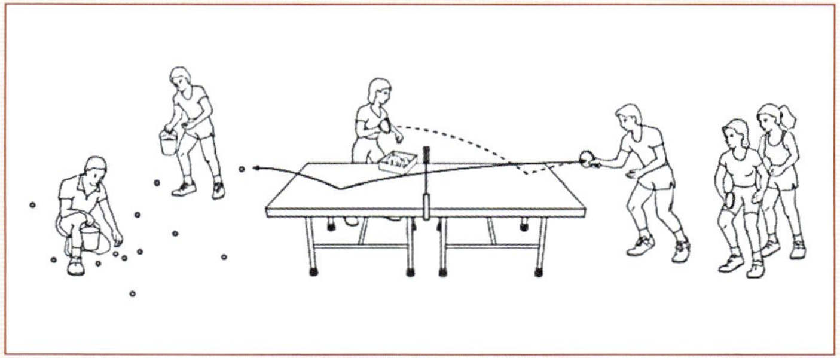

Abb. 14: VH-Konterschlag beim Balleimertraining

Spielphase

Spielform 1

- **Rundlaufspiel,** aber es darf nur mit der VH-Konterschlagtechnik gespielt werden. Jeder Spieler hat 3 „Leben“, das heißt, bei drei Fehlern scheidet der Spieler aus. Die anderen spielen weiter, bis nur noch 2 Spieler übrig sind. Diese spielen dann das Finale, z. B. einen Kurzsatz bis 5.

Variationen

- Rundlauf mit nur zwei Schlägern: Auf jeder Tischhälfte liegt für alle Spieler jeweils nur ein Schläger zum Spielen bereit!
- Rundlauf mit Hindernissen: Die Spieler müssen auf ihrem Weg einen Hindernis-Parcours durchlaufen.

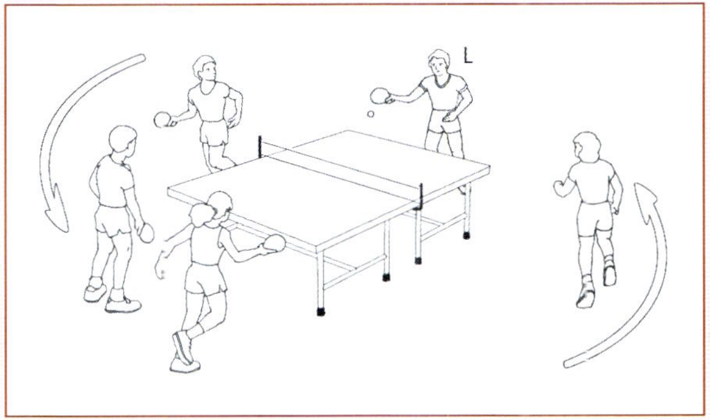

Abb. 15: Rundlaufspiel

10

Doppelstunde 3: Einführung des Rückhand-Konterschlages und -aufschlages

In der 3. Doppelstunde folgt die Einführung des Rückhand-Konterschlages und daraus resultierend des Rückhand-Konteraufschlages. Mit dem Erlernen der Vorhand- und Rückhand-Konterschläge und deren einfach zu gestaltende Aufschläge sind erste regelkonforme Wettkämpfe und Spielformen möglich. Dies gilt zum Beispiel für Rundlaufspielformen, Einzel- und Doppelwettkämpfe.

Genau wie bei der Vorhand-Konterschlagtechnik wird der Ball bei dem Rückhand-Konterschlag frontal mit senkrecht bis leicht geschlossenem Schlägerblatt zentral getroffen.

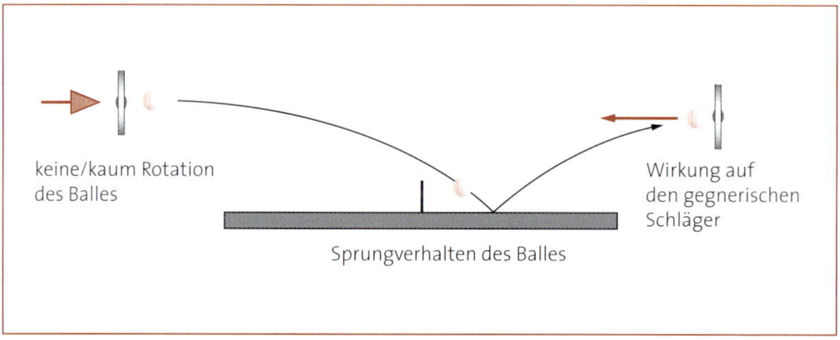

Abb. 16: Sprungverhalten des Balles beim Konterschlag

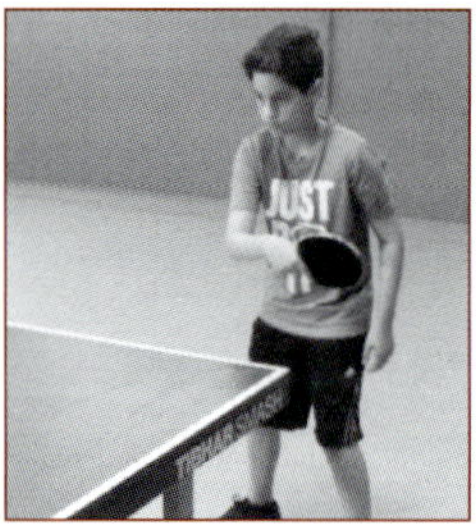

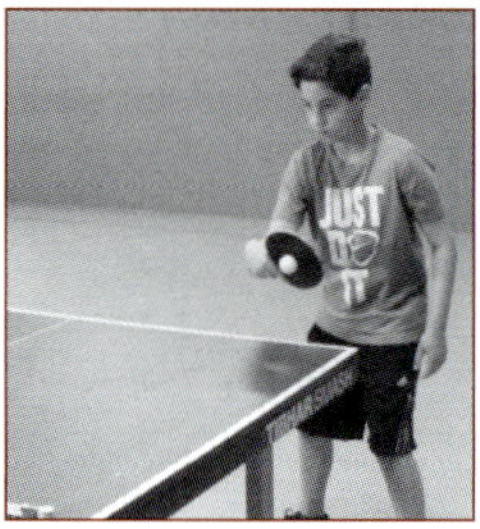

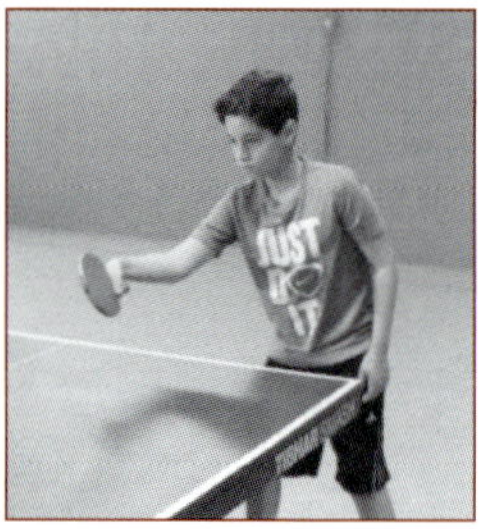

Bilder 18–20: Rückhand-Konterschlag

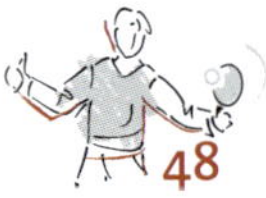

Bewegungsbeschreibung

In der *Ausgangsstellung* sind die gebeugten Beine schulterbreit auseinander. Die Füße und der Oberkörper stehen parallel zur Tischgrundlinie. Unter Umständen steht der linke Fuß sogar eine halbe Fußlänge vor dem rechten. Das Körpergewicht ist gleichmäßig auf beide Beine verteilt. Der Oberkörper ist leicht nach vorne gebeugt. Der angewinkelte Schlagarm befindet sich vor dem Körper. In der *Ausholphase* dreht sich die Schulter etwas nach links und das Körpergewicht wird auf das linke Bein verlagert. Der Schlagarm wird im Unterarm an den Körper herangebeugt, wobei der Ellbogen nach vorne vom Körper weggeht. Die Hand wird leicht zum Körper hin abgewinkelt, sodass der Schlägerkopf nach hinten zeigt. Die Bewegung des Schlagarms geht geradlinig von vorne nach hinten. Das Schlägerblatt ist leicht geschlossen. In der *Schlagphase* drehen sich die Schultern nach rechts zurück, bis sie parallel zur Grundlinie stehen. Das Körpergewicht verlagert sich nach vorne auf die Fußballen. Der Unterarm schwingt schnellkräftig von hinten nach vorne netzwärts in Schlagrichtung (Drehpunkt im Ellbogengelenk). Der Schlägerkopf schwingt unter Handgelenkeinsatz mit seiner Spitze nach vorne. Das Handgelenk ist vor dem Treffen des Balles noch gebeugt. Der *Treffpunkt des Balles* ist in der steigenden Phase, spätestens am höchsten Punkt seiner Flugkurve. Der Ball wird vor dem Körper (ca. Körpermitte) mit leicht geschlossenem Schlägerblatt geschlagen. Wichtig ist, dass sich der Schläger über Tischhöhe vor dem Ball befindet und der Ball frontal getroffen und nicht überzogen wird. In der *Ausschwungphase* schwingt die Schlägerspitze netzwärts in Schlagrichtung. Das Schlägerblatt ist am Ende leicht geschlossen. Das Körpergewicht verlagert sich kurz auf das rechte Bein. Danach wird die Ausgangsstellung wieder eingenommen.

Erlernen des Rückhand-Konterschlages mit Hilfe des Balleimertrainings

Der Zuspieler spielt dem Übenden die Bälle ohne Rotation als frontal getroffener Konterschlag kontinuierlich in die Rückhandseite zu. Der Übende schlägt den Ball mit der erklärten Rückhand-Konterschlagtechnik diagonal zurück.

Ein Mitschüler hat die Aufgabe, die gespielten Bälle mit einem Markierungshütchen zu reagieren und aufzufangen. Zwei weitere Mitschüler sammeln die Bälle, die auf den Boden fallen, auf. Alle

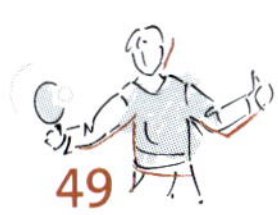

Ballsammler sorgen dafür, dass der Balleimer immer wieder mit Bällen gefüllt wird.

Es können so auch mehrere Schüler als Übende trainiert werden, indem jeder Schüler zehn Rückhand-Konterschläge spielt, dann der nächste an der Reihe ist. Nach einiger Zeit wechseln die Aufgaben für die Schüler.

Erlernen des Rückhand-Konterschlages und -aufschlages mit folgender methodischen Übungsreihe

- Den Ball zwei- bis dreimal auf der RH-Tischseite aufspringen lassen und mit der RH-Konterschlagtechnik diagonal zum Partner schlagen. Dieser fängt den Ball auf und spielt ebenso zurück.

- Den Ball nur noch einmal aufspringen lassen und diagonal zum Partner spielen, der den Ball auffängt und genauso zurückspielt.

- Der Ball wird nach einmaligem Aufspringen („indirekter Aufschlag“) diagonal zum Partner „gekontert“, der den Ball direkt zurück kontert. Nach mehrmaligen Versuchen wird der Ballwechsel bis zum Fehler ausgespielt.

- „Indirekter RH-Konteraufschlag“ und Ausspielen des Ballwechsels.

Tipp: Nach dem Lernprinzip „Besser werden“ können hier Anreize geschaffen werden, wie „10, 20 oder noch mehr Ballwechsel ohne Fehler“

- Regelgerechter Rückhand-Konteraufschlag und Ausspielen des Ballwechsels

Tipp: Der Hinweis, dass die Schlagbewegung beim regelgerechten Aufschlag fast identisch mit dem Konterschlag ist (allerdings dosierter), der Ball aber erst in der eigenen Tischhälfte über das Netz in die gegnerische Tischhälfte gespielt wird, stellt erfahrungsgemäß kaum Probleme bei den Schülern dar.

Da in der Spielphase beim **freien Spiel** auch Einzel- oder Doppelwettkämpfe gespielt werden können, werden im Folgenden die **„Regeln light“** vorgestellt.

„Regeln light“ (Download – siehe hintere innere Umschlagseite)

Aufschlag

- Der Ball muss hinter der Grundlinie des Tisches senkrecht hochgeworfen werden (mind. 16 cm).
- Der Aufschläger muss den Ball mit dem Schläger so spielen, dass er zuerst auf der eigenen und dann auf der gegnerischen Tischhälfte aufspringt.
- Bei Ballberührung des Netzes ist dies „Netzaufschlag“ und wird wiederholt.
- Ist der Ball zum Aufschlag angeworfen, ist er „im Spiel“. Trifft der Aufschläger den hochgeworfenen Ball nicht, ist dies ein Fehler und der Gegner bekommt den Punkt.
- Jeder Spieler schlägt je 2-mal auf, dann wechselt das Aufschlagrecht zum Gegenspieler. Ausnahme: Beim Spielstand von 10:10 beginnt die Satzverlängerung und es wird immer abwechselnd aufgeschlagen.
- Beim Doppelspiel muss der Aufschläger den Ball von seiner rechten Seite der Tischhälfte in die gegnerische Vorhandseite (beim Rechtshänder) spielen. Beim Einzelspiel gibt es keine Einschränkung.

Ballwechsel

- Anders als beim Aufschlag muss der Ball direkt auf die gegnerische Tischhälfte gespielt werden.
- Bevor der Ball gespielt wird, darf er nur einmal auf der eigenen Tischhälfte aufgesprungen sein.
- Der Ball darf nicht volley aus der Luft gespielt werden.
- Bevor der Ball auf die gegnerische Tischhälfte aufspringt, darf er nur das Netz oder den Netzpfosten berührt haben. Berührt der Ball andere Gegenstände wie Kleidung, Wand oder Decke, ist das ein Fehler.
- Der Ball darf die gegnerische Tischhälfte nur von oben treffen. Berührt der Ball die Seitenkante der gegnerischen Tischhälfte ist dies ein Fehler.

Satz

- Ein Satz ist von dem Spieler gewonnen, der zuerst 11 Punkte mit mindestens 2 Punkten Vorsprung erreicht hat.
- Beim Satzstand von 10:10 beginnt die Satzverlängerung. Es gewinnt derjenige den Satz, der zuerst 2 Punkte Vorsprung hat, also 12:10, 13:11, 14:12 usw.

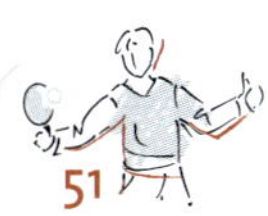

- Nach jedem Satz werden die Seiten gewechselt. Im letzten Entscheidungssatz findet der Seitenwechsel statt, sobald einer der beiden Spieler 5 Punkte erreicht hat. Wurde der Seitenwechsel vergessen, wird sofort im Bemerken dessen die Seite gewechselt und alle gespielten Punkte bleiben bestehen.

Spiel

Einzelspiel

- Ein Spiel besteht im Mannschaftsspiel aus 3 Gewinnsätzen. Im Höchstfall können also 5 Sätze gespielt werden, wenn das Spiel beim Stand von 2:2 in den Entscheidungssatz geht.
- Im Einzelspiel eines Turniers werden 4 Gewinnsätze (also max. 7 Sätze) gespielt.

Doppelspiel

- Im Doppelspiel werden immer 3 Gewinnsätze gespielt.
- Nach jeweils 2 Punkten wird der Rückschläger zum neuen Aufschläger, während das nun Aufschlag annehmende Doppel die Rückschlagreihenfolge wechseln muss.
- Beim Spielstand von 10:10 bleibt zwar die Auf- und Rückschlagreihenfolge unverändert, jedoch schlägt jedes Doppel abwechselnd für nur einen Punkt auf.

Doppelstunde 3: *Einführung Rückhand-Konterschlag und Rückhand-Konteraufschlag*

Stundenabschnitte und Unterrichtsinhalte	Organisatorische Hinweise

Aufwärmphase

Rundlauf mit einem Zuspieler und Lauf-ABC

Übung 1

Der Lehrer fungiert an einem Tischtennis-Tisch als Zuspieler. Die Schüler spielen den Ball mit VH-Konter kontrolliert zurück und müssen dann nach Anweisung laufgymnastische Übungen (Hopser-Lauf, Kniehebelauf, Seitgalopp, Anfersen, Beine seitlich überkreuzen, schneller Lauf, Arme im Lauf vorwärts/rückwärts kreisen u. a.) um eine Distanz von mehreren Tischen zurück legen, bis sie wieder mit einem kontrollierten Rückschlag zum Zuspieler am Rundlauftisch an der Reihe sind.

Hinweis: Es wird nur an einem Tisch mit dem Lehrer gespielt.

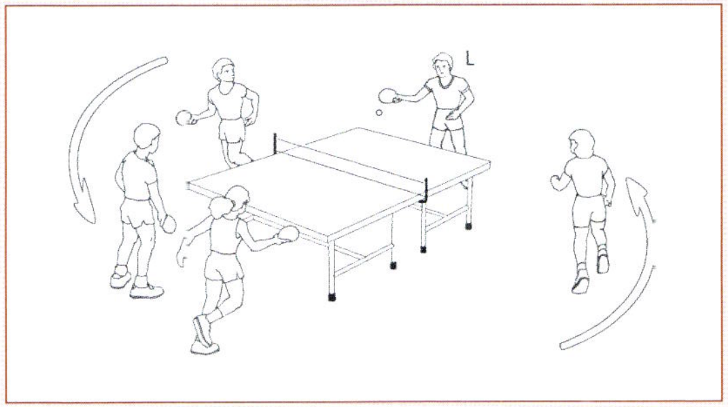

Abb. 17: Rundlauf mit dem Lehrer

Organisation: Der Lehrer spielt die Bälle zu. Die Schüler spielen nur mit der erlernten VH-Konterschlagtechnik und führen die vom Lehrer angegebenen Laufübungen durch. Die Laufdistanz wird der Schülerzahl so angepasst, dass keine zu großen Pausen entstehen!

Übung 2

Die Schüler spielen sich paarweise den mit der Rückhandseite frontal getroffenen Ball (Konterschlag) zu, indem der Ball erst mehrmals, dann nur noch einmal auf dem Boden aufspringen darf.

Variationen
- Zuspiel zu Viert im Viereck.
- Zuspiel in der Bewegung zu Zweit, Dritt oder Viert.

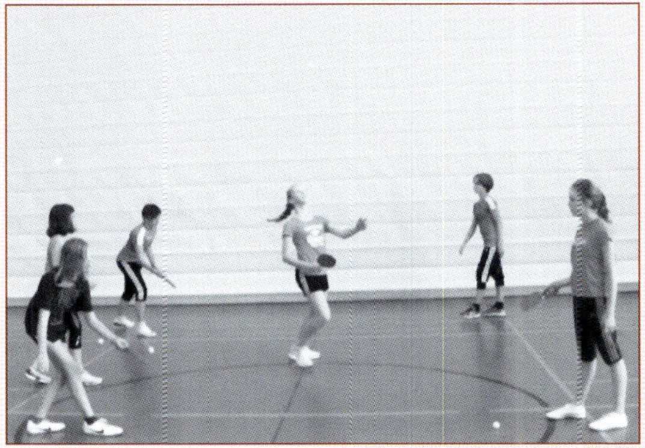

Bild 21: Zuspiel in der Bewegung

Stundenabschnitte und Unterrichtsinhalte	Organisatorische Hinweise

Spiel- und/oder Übungsphase

Übung 1

1. Den Ball zwei- bis dreimal auf der RH-Tischseite aufspringen lassen und mit der RH-Konterschlagtechnik diagonal zum Partner schlagen. Dieser fängt den Ball auf und spielt ebenso zurück.
2. Den Ball nur noch einmal aufspringen lassen und diagonal zum Partner spielen, der den Ball auffängt und genauso zurückspielt.
3. Der Ball wird nach einmaligem Aufspringen („indirekter Aufschlag") diagonal zum Partner „gekontert", der den Ball direkt zurück kontert. Nach mehrmaligen Versuchen wird der Ballwechsel bis zum Fehler ausgespielt.
4. „Indirekter RH-Konteraufschlag" und Ausspielen des Ballwechsels.
5. Regelgerechter Rückhand-Konteraufschlag und Ausspielen des Ballwechsels

Übung 2: *Alternativ bzw. zusätzlich Balleimertraining*

An einem Tisch übt ein Schüler mit Hilfe des Balleimertrainings die RH-Konterschlagtechnik. Ist ein Spieler im Zuspiel beim Balleimertraining geübt (z. B. Vereinsspieler), kann an mehreren Tischen Balleimertraining gespielt werden.
An den anderen Tischen werden die Lernschritte der Übung 1 miteinander durchgespielt und geübt.

Übung 3: *Aufschlagtraining*

- Der Schüler spielt genau platzierte Konteraufschläge aus der Rückhand-Seite mit der Rückhand parallel, in die Mitte und diagonal in die Zielfelder mit der Nr.1!
- Der Schüler spielt genau platzierte Konteraufschläge aus der Tischmitte mit der Vorhand parallel in die Mitte und diagonal rechts und links in die Zielfelder mit der Nr. 1!

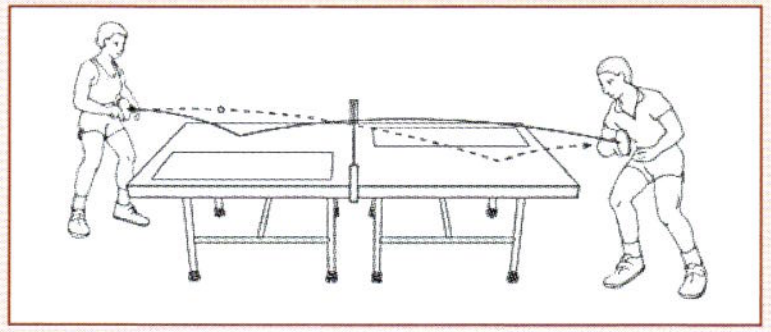

Abb. 18: RH-Konterschlag diagonal

11 a+b

Tipp zu 4.: Nach dem Lernprinzip „Besser werden" können hier Anreize geschaffen werden, wie „10, 20 oder noch mehr Ballwechsel ohne Fehler".

Tipp zu 5.: Der Hinweis, dass die Schlagbewegung beim regelgerechten Aufschlag fast identisch mit dem Konterschlag ist (allerdings dosierter), der Ball aber erst in der eigenen Tischhälfte über das Netz in die gegnerische Tischhälfte gespielt wird, stellt erfahrungsgemäß kaum Probleme bei den Schülern dar.

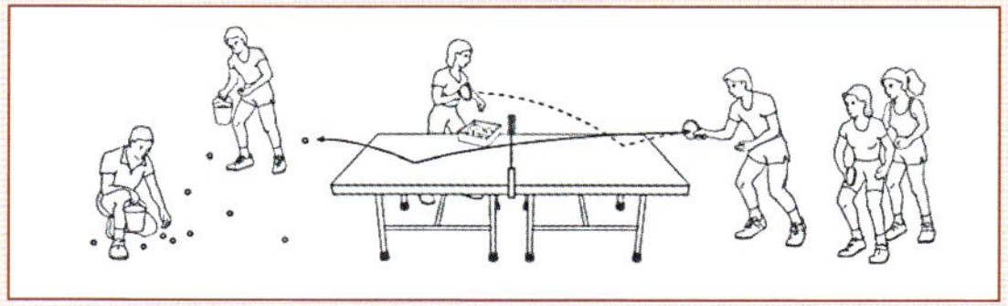

Abb. 19: Balleimer-training

8

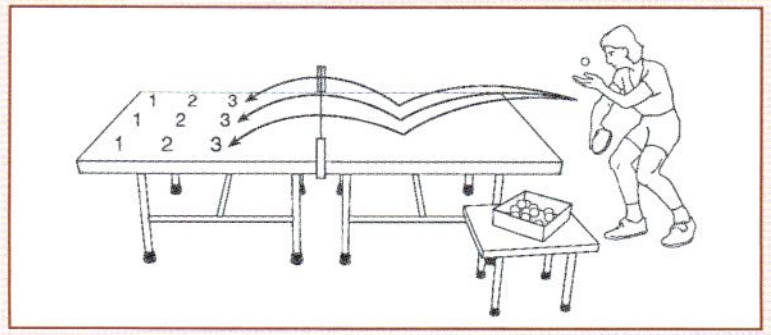

Abb. 20: Aufschlagtraining RH-Konteraufschlag

25

Spielphase

Freies Spiel, d. h., die Schüler dürfen sich aussuchen, ob sie mit den Konterschlagtechniken (Rückhand und Vorhand) Rundlauf, Einzel- oder Doppelwettkämpfe oder ohne Vorgabe „einfach so" spielen wollen.

Hinweis: Hier wird es notwendig, die Spielregeln und Zählweise, wenn auch nur in vereinfachter Form, einzuführen.

Siehe „Regeln light" auf Seite 51

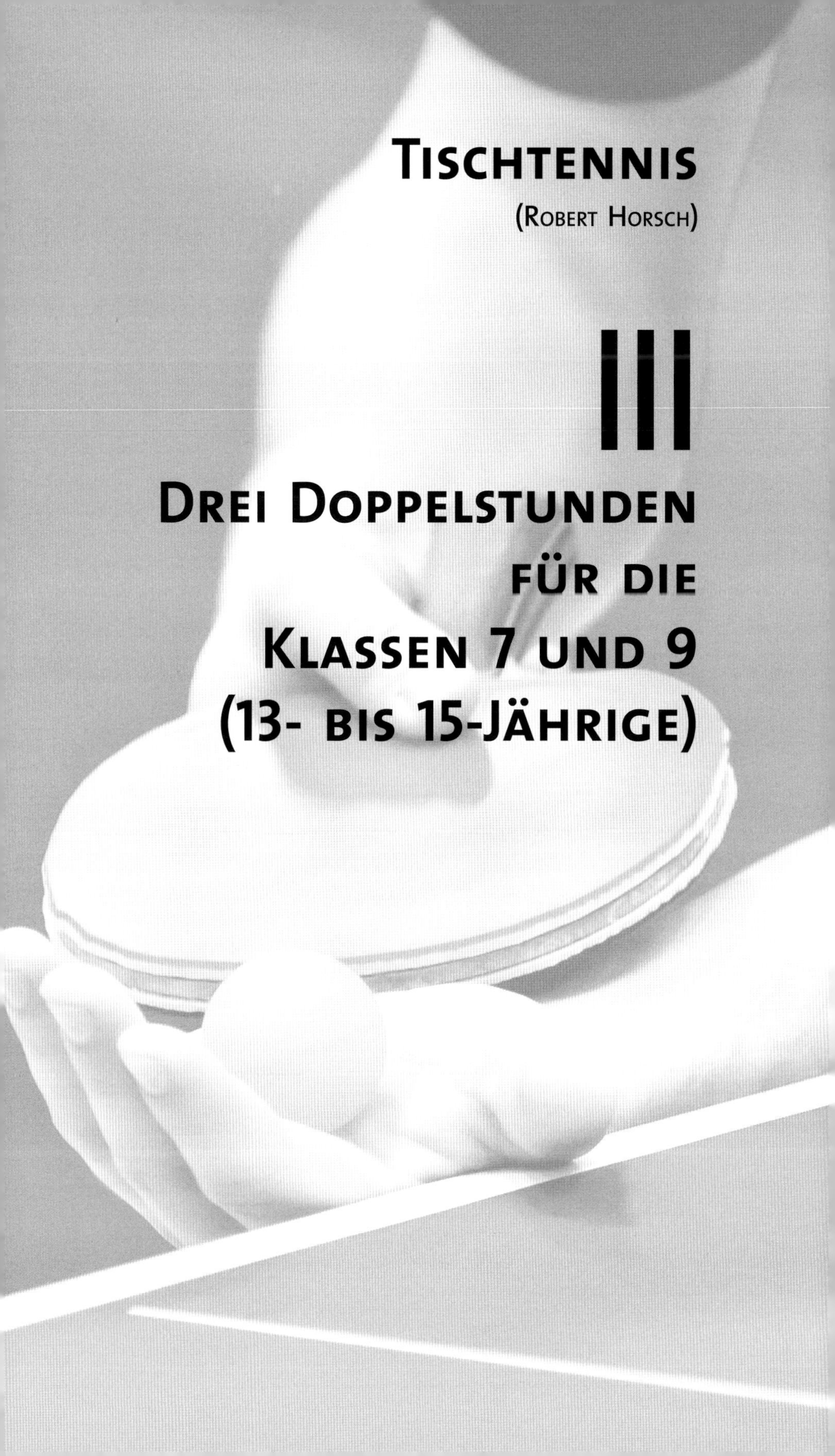

Tischtennis

(Robert Horsch)

III

Drei Doppelstunden für die Klassen 7 und 9 (13- bis 15-Jährige)

Erweiterung der Spielfähigkeit: Von den Konterschlägen zu Topspin und Block

Nachdem in den Klassenstufen 5 und 6 die Einführung des Tischtennisspiels über die Schläger- und Ballgewöhnungsübungen (sportspielübergreifend) und die Vorhand- und Rückhand-Konterschlagtechniken mit den entsprechenden Aufschlägen (sportspielspezifisch) thematisiert wurde, wird in den Klassenstufen 7 bis 9 das Schlagtechnikrepertoire erweitert. Hierbei gilt es zu beachten, dass nach dem eingeschlagenen Weg des Vermittlungsmodells, welches mit den Konterschlägen begann, die gewonnene Spielfähigkeit mit den frontal getroffenen Konterschlägen mit sinnvollen rotationsmäßigen Schlagtechniken zu erweitern. Dies sind aufgrund der Vorwärtsrotationen des Balles die Topspinschläge in Verbindung mit dem Block. Gegen eine Erweiterung mit den Schupfschlägen zu diesem Zeitpunkt spricht die Rückwärtsrotation des Balles mit ihren nach unten gerichteten Absprungwirkungen auf den gegnerischen Schläger , gegen die die erlernten Konterschläge nicht eingesetzt werden können. Eine wirksame Schlagtechnikreaktion auf Schupfschläge wären ein Schupfschlag selbst oder Topspinschläge.

Auf die erlernten Konterschläge folgen somit am sinnvollsten die Topspinschläge. Topspinschläge wiederum lassen sich am Einfachsten mit einem Block retournieren, die somit gleichzeitig eingeführt werden. Zudem wird in den drei Doppelstunden die spielspezifische Vermittlung mit Übungsformen zur Schulung und Festigung der Schlagtechniken neben den Spielformen verstärkt.

Stationsarbeit im Tischtennisunterricht

Die spielspezifische Vermittlung wird in den folgenden Doppelstunden mit Hilfe der Stationsarbeit (vgl. **Doppelstunde 4**, **Doppelstunde 6**) vorgenommen (Horsch, 2001, S. 32–33). Das

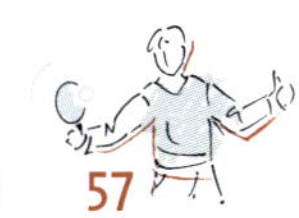

Stationstraining beinhaltet die Intention, einen bestimmten Lerninhalt an mehreren Stationen auf möglichst vielfältige Art zu üben. Die Schüler durchlaufen im Rahmen der Übungsphase verschiedene Stationen, wobei darauf zu achten ist, dass ihnen die angebotenen Übungen vertraut sind. Erfahrungsgemäß ist Stationstraining motivierend, abwechslungsreich und regt intensives Üben an.

Stationstraining bietet:

- Wechsel zwischen Spannung (Üben) und Entspannung (Stationswechsel).
- Kognitive Phasen (Einlesen der Aufgabenstellung an der jeweiligen Station, wenn Übungsaufgaben z. B. als Kopien ausgelegt sind).
- Unterschiedliche Sozialformen (Kommunikation).
- Vielfältige Zugänge zum Thema durch gezielt zusammengestellte Materialien.

Durch die ständige Rhythmisierung wird Ermüdungserscheinungen und nachlassender Konzentration entgegengewirkt, weil die Schüler neue Stationen mit neuer Motivation angehen. Die Erfolgserlebnisse werden für die Schüler initiiert durch:

- Differenzierende Angebote und individuelles Lerntempo (optimale Anpassung).
- Eine Abgeschlossenheit der Stationen und die Möglichkeit der Selbstkontrolle (mehrmalige Erfolgserlebnisse).

Die Lehreranweisungen treten beim Stationstraining zugunsten des selbstgesteuerten Lernens der Schüler zurück. Der Lehrer verliert aber nicht seine Planungskompetenz. Er hat während der Übungsphasen an den Stationen folgende Aufgaben:

- Betreuung einer Station.
- Leistungsschwächere Schüler durch die Stationen zu begleiten.
- Als Berater und Helfer zur Verfügung zu stehen.

Doppelstunde 4: Schulung und Festigung der Konterschläge

In der vierten Doppelstunde wird die in Klasse 5/6 erworbene Spielfähigkeit wiederholt und intensiviert. Zur Durchführung der Schulung und Festigung der Konterschläge wird auf die Intentionen des Stationstrainings (vgl. HORSCH, 2001, S. 32–33) zurückgegriffen. Hierbei bieten sich in der Praxis zwei Möglichkeiten der Organisation eines Stationstrainings an: Das gebundene Stationstraining und das Stationstraining mit Wahlmöglichkeiten.

Möglichkeiten der Organisation eines Stationstrainings

Gebundenes Stationstraining: Feste Gruppen – gemeinsamer Wechsel

Die Schüler werden in etwa gleich große Gruppen eingeteilt. Alle beginnen gemeinsam mit ihren Aufgabenstellungen. Bei einem vereinbarten akustischen Signal wechseln die Schüler in vorher bestimmter Reihenfolge die Stationen. Mit dem Wechsel verbunden sind dreierlei Dinge:

- Die Übung beenden.
- Die Station für die nachfolgende Gruppe wieder herrichten.
- An die neue Station gehen.

Stationstraining mit Wahlmöglichkeiten: Freie Stationswahl – gemeinsamer Wechsel

Diese Art von Stationstraining teilt die Schüler nicht in feste Gruppen ein. Sie haben zu Beginn und bei jedem Wechsel die Möglichkeit, sich frei für eine Station zu entscheiden. Hierbei muss in der Lehrerplanung an folgende Organisationspunkte gedacht werden:

- Es kann immer nur eine bestimmte Anzahl von Schülern an einer Station üben. Die Schüler müssen sich selbst arrangieren oder die Sportlehrkraft hilft dabei.

- Die Schüler benötigen einen Überblick über das Gesamtangebot an Übungsformen. Diese können z. B. mit Hilfe eines „Laufzettels“ gegeben werden, sodass die Schüler das Angebot an zusätzlichen Stationen realistisch auswählen können.

- Der Wechsel erfolgt wieder gemeinsam auf ein bekanntes Signal hin.

Die Anforderungen und Ausstattung der Stationen mit Differenzierungsangeboten sowie Kontrollmöglichkeiten sind mit denen des gebundenen Stationstrainings vergleichbar.

Doppelstunde 4: *Schulung und Festigung der Konterschläge*

Stundenabschnitte und Unterrichtsinhalte	Organisatorische Hinweise
Aufwärmphase	
Übung 1: *Schattenlauf mit Schläger, Ball und Lauf-ABC* Ein Schüler läuft frei in der Halle den TT-Ball tippend und Übungen des Lauf-ABC (Kniehebelauf, Anfersen, Seitgalopp, Armkreisen usw.) vormachend, während sein Partner als „Schatten" die Übungen nachmacht. **3 a+b**	Paarweise; jeder Schüler hat einen Schläger und einen TT-Ball. **Ziel:** Der Ball darf nicht verloren gehen und mit niemandem anstoßen! **Hinweis:** Der Ball soll mit der rechten und nach einiger Zeit mit der linken Hand auf dem Schläger getippt werden.
Übung 2: *Linienlauf mit Schläger und Ball und Lauf-ABC* Die Schüler laufen und queren auf den Linien in der Halle und tippen mit dem Schläger den TT-Ball. Dabei absolvieren sie vom Lehrer vorgegebene Übungen des Lauf-AEC.	Jeder Schüler hat einen Schläger und TT-Ball. **Ziel:** Ball nicht verlieren, mit niemandem zusammenstoßen! Rechtzeitig die Linie in eine andere Richtung wechseln (peripheres Sehen, Antizipation)!

Stundenabschnitte und Unterrichtsinhalte	Organisatorische Hinweise

Spiel- und / oder Übungsphase

Übung 1: ***Vorhand-Konterschläge diagonal mit abgedeckter Rückhandseite*** (vgl. Abb. 21)

Der Beginn erfolgt mit Vorhand-Konteraufschlag oder „indirektem VH-Konteraufschlag“!

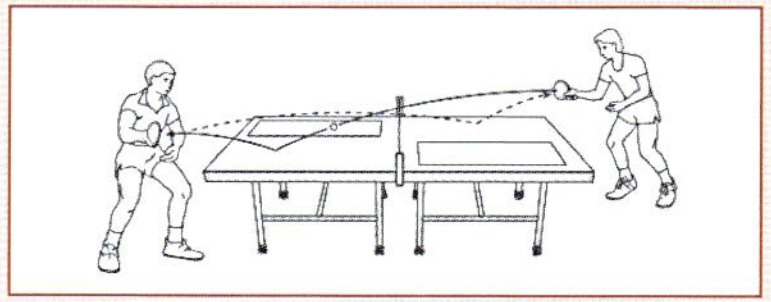

Abb. 21: Übung 1: VH-Konterschlag diagonal

7

Übung 2: ***Rückhand-Konterschlag diagonal*** (vgl. Abb. 22)

A und B spielen Rückhand-Konterschläge diagonal mit abgedeckter Vorhandseite. Der Beginn erfolgt mit Rückhand-Konteraufschlag oder indirektem Rückhand-Konteraufschlag!

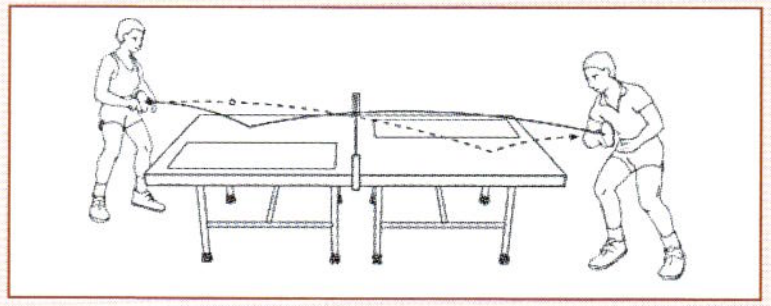

Abb. 22: Übung 2: RH-Konterschlag diagonal

11 a+b

Übung 3: ***Vorhand- und Rückhand-Konterschläge „über Kreuz“*** (vgl. Abb. 23)

Der Beginn der Übungsform erfolgt mit Konteraufschlägen oder „indirekten Konteraufschlägen“!

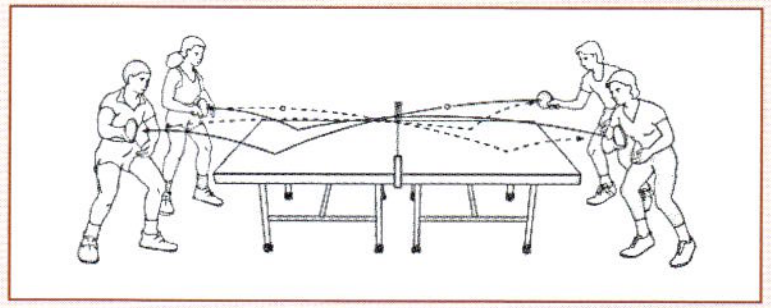

Abb. 23: Übung 3: VH- und RH-Konterschläge „über Kreuz“

Übung 4: ***Konterschläge „Beinarbeit“*** (vgl. Abb. 24)

Spielerin A spielt regelmäßig 1-mal Vorhand-Konterschlag parallel (1) und 1-mal Rückhand-Konterschlag diagonal (2). Spieler B kontert mit der Rückhand regelmäßig 1-mal parallel und 1-mal diagonal.

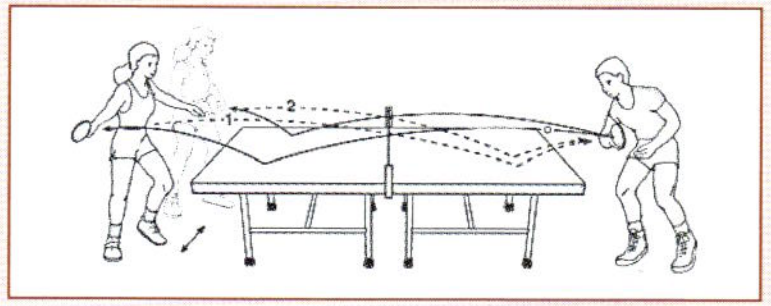

Abb. 24: Übung 4: Konterschläge „Beinarbeit“

21

Übung 5: ***Konterschläge „Achterbahn“*** (vgl. Abb. 25)

A spielt Vorhand-Konterschlag (2) und Rückhand-Konterschlag (4) nur diagonal und B spielt Rückhand-Konterschlag (1) und Vorhand-Konterschlag (3) nur parallel.

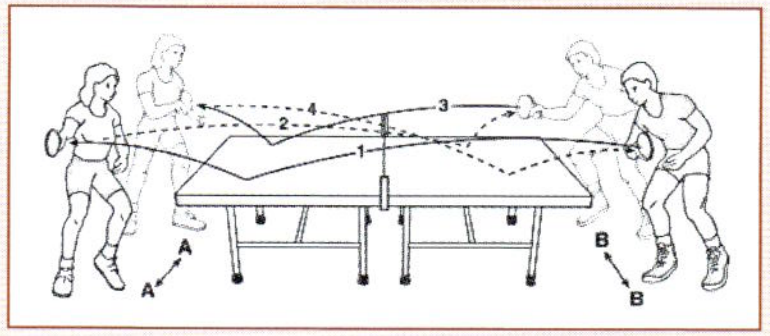

Abb. 25: Übung 5: Konterschläge „Achterbahn“

Zur Organisation: Alle Spieler spielen die vorgegebenen Übungsformen 1–5 in der Reihenfolge durch (gebundenes Stationstraining).

Variation: Die Spieler suchen sich individuell die Übungsformen heraus, die sie durchführen möchten. **Zeit:** 6-mal ca. 10 Min.

Spielphase

Spiel 1: *Einzel- oder Doppel-Wettkampfspiele* (vgl. Abb. 26/27)

Wettkampfspiele als Einzel- oder Doppelspiele. Zugelassen sind die offiziellen Zählregeln oder alternative Zählweisen (z. B. Zählweisen aus dem Volleyballspiel, Tennisspiel u. a.).

„Spielt einen wettkampfmäßigen Satz (oder 2 Gewinnsätze) nach Badmintonregeln! Nur wer aufschlägt, kann den zählbaren Punkt machen!" (Aufschlagwechsel ist nach jedem Fehler.)

„Spielt nach Tennisregeln!"

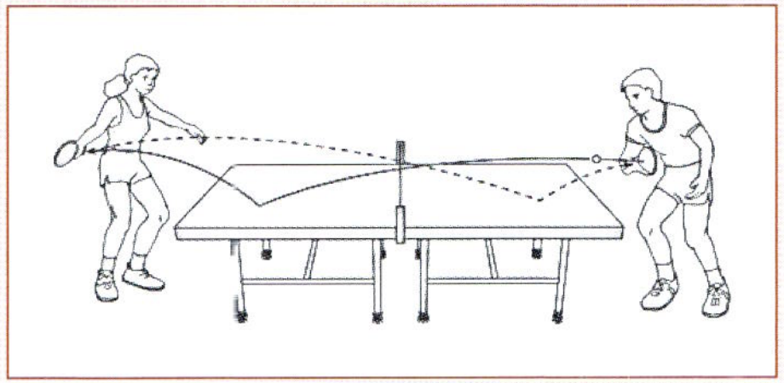

Abb. 26: Einzelspiel

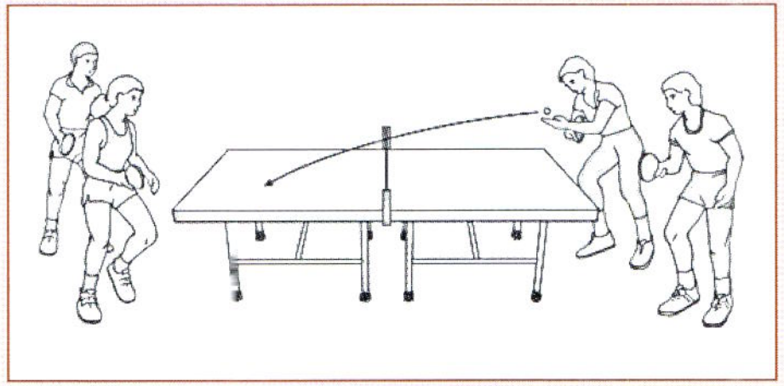

Abb. 27: Doppelspiel

Alternativ Spiel 2: *Schwarz-Weiß-Turnier (als Einzel- oder Doppelturnier)* (vgl. Abb. 28)

Die Spieler der jeweiligen Tischseiten bilden die Mannschaften „Schwarz" und „Weiß". Es wird wie beim *Kaiserspielturnier* auf Zeit gespielt. Beim „Stopp"-Ruf wird der momentane Spielstand in der Summe auf beiden Tischseiten festgehalten.

Die insgesamt führende Mannschaft erhält einen Punkt. Dann geht es in die nächste Runde, bei der die Spieler innerhalb ihrer Mannschaft beliebig wechseln können.

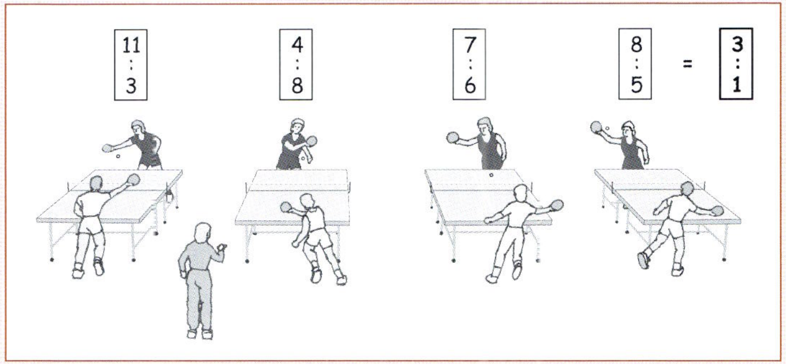

Abb. 28: „Schwarz-Weiß-Turnier"

Doppelstunde 5: Einführung des Topspinschlages gegen Block

Der VH-Topspinschlag

Bewegungsbeschreibung

In der *Ausgangsstellung* sind die Beine gebeugt und etwas mehr als schulterbreit auseinander. Der Körper steht nicht so seitlich zum Tisch wie beim spät geschlagenen Topspinschlag, sondern etwas mehr parallel. Der Schlagarm ist leicht angewinkelt und nach hinten gerichtet. Das Schlägerblatt ist leicht geschlossen.

Die *Ausholphase* beginnt durch eine Drehung im Schulter- und Hüftbereich nach rechts. Der Schlagarm schwingt etwa in Tischhöhe nach hinten. Die Ausholbewegung ist insgesamt kürzer als beim spät geschlagenen Topspinschlag. In der *Schlagphase* beschleunigt der Schlagarm von hinten nach vorn. Das Körpergewicht verlagert sich auf das vordere Bein. Der Schlag wird durch eine leichte Drehung im Hüftbereich und Schultermitnahme nach vorn unterstützt.

Der *Treffpunkt des Balles* ist seitlich vor dem Körper. Das Schlägerblatt ist je nach Rotation des gegnerischen Balles mehr oder weniger

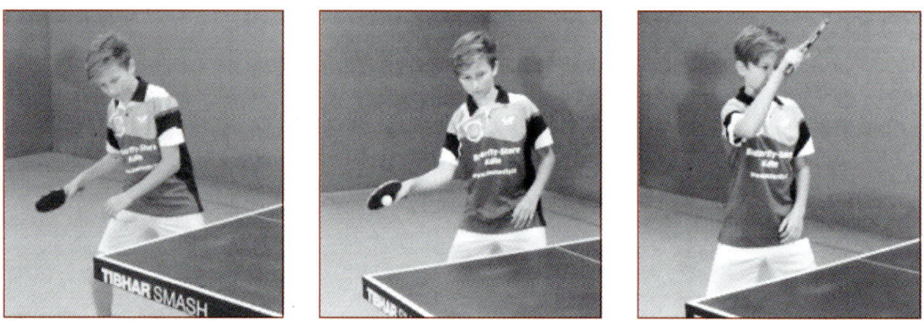

Bilder 22–24: VH-Topspin („früh geschlagen")

stark geschlossen. Der Ball wird sehr früh in seiner steigenden Phase tangential getroffen.

In der *Ausschwungphase* wird der Körperschwung auf dem linken Bein abgebremst. Der Schlagarm schwingt unter Umständen bis vor Kopfhöhe aus. Danach wird die Ausgangsstellung wieder eingenommen.

Erlernen des früh geschlagenen VH-Topspinschlages mit Hilfe des Balleimertrainings

Der Zuspieler spielt dem Übenden die Bälle ohne oder auch mit leichter Vorwärts-Rotation kontinuierlich in die Vorhandseite zu. Der Übende schlägt den Ball mit der erklärten Topspinbewegung diagonal zurück.
Ein Mitschüler hat die Aufgabe, die gespielten Bälle mit einem Markierungshütchen aufzufangen. Zwei weitere Mitschüler sammeln die Bälle, die auf den Boden fallen, auf. Alle Ballsammler sorgen dafür, dass der Balleimer immer wieder mit Bällen gefüllt wird.
Es können so auch mehrere Schüler als Übende agieren, indem jeder Schüler zehn Topspinschläge spielt, dann der nächste an der Reihe ist. Nach einiger Zeit wechseln die Aufgaben für die Schüler.

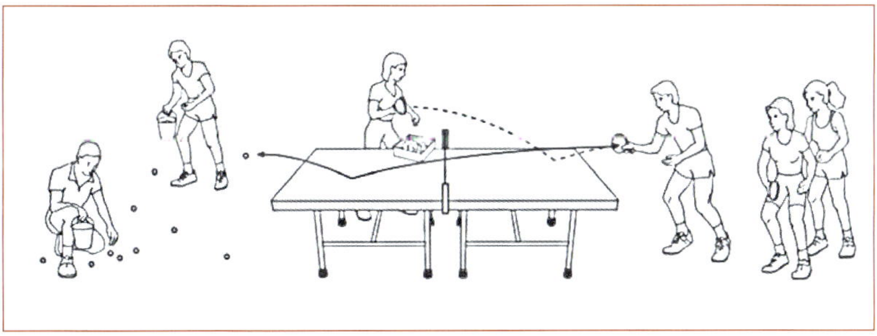

Abb. 29: Balleimertraining zum Erlernen des früh geschlagenen VH-Topspins

Erlernen des früh geschlagenen Vorhand-Topspinschlages mit folgender methodischen Übungsreihe

- Den Ball in 2 bis 3 Meter Entfernung zum Tisch auf dem Hallenboden aufspringen lassen und mit der Topspinschlag-Bewegung auf die gegnerische Tischhälfte schlagen.
- Der Übende steht auf der RH-Seite seitlich neben dem Tisch, lässt den Ball zwei- bis dreimal auf dem Tisch aufspringen und spielt ihn mit dem Topspinschlag zum Partner. Dieser fängt den Ball auf und spielt genauso zurück.

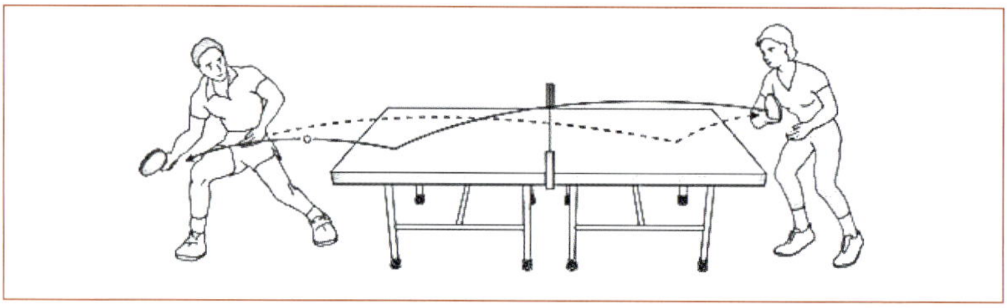

Abb. 30: Übungsform Vorhand-Topspin / Rückhand-Block

- Der Spieler lässt den Ball nur noch einmal auf der RH-Tischseite aufspringen und schlägt ihn mit der Topspinbewegung zum Partner.
- Der Übende schlägt den Ball mit der Topspin-Schlagbewegung zum Partner (siehe oben), der mit dem Rückhand-Konterschlag (Achtung: relativ passiver RH-Konterschlag mit wenig Aushol- und Ausschwungbewegung) oder RH-Block diagonal zurückschlägt. Der Übende fängt den Ball auf und spielt erneut. Jeder Spieler wiederholt die Übungsform mehrmals.
- Die gleiche Übungsform wie zuvor wird fortgesetzt, aber der Ballwechsel wird ausgespielt.

Der Rückhand-Block

Bewegungsbeschreibung

Die *Ausgangsstellung* ist identisch mit der des RH-Konterschlages: parallele gebeugte Beinstellung; das Körpergewicht ist gleichmäßig auf beide Beine verteilt; der Oberkörper ist leicht nach vorne gebeugt. Der leicht angewinkelte Schlagarm befindet sich über Tischhöhe vor dem Körper.

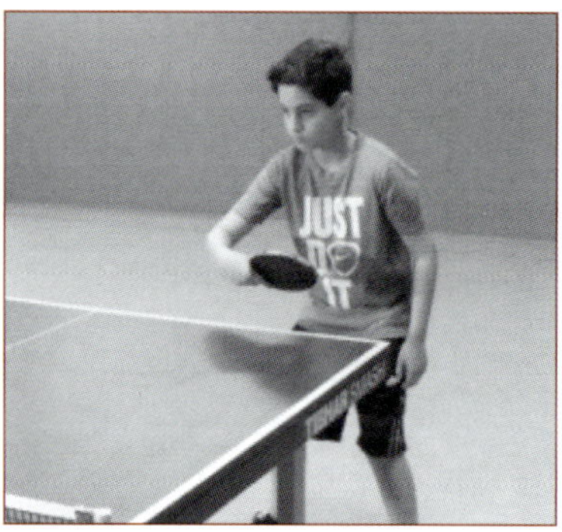
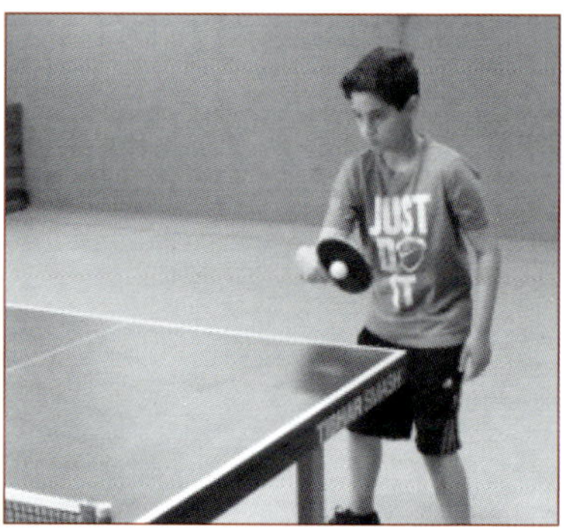

Bilder 25+26: Rückhand-Block

In der *Ausholphase* ändert sich zur Ausgangsstellung nichts. Gerade der Schlagarm führt keine Ausholbewegung aus, kann aber leicht zum Körper zurückgeführt werden.

Es gibt auch *keine Schlagphase* in dem Sinne. Der Schläger befindet sich über dem Tisch vor dem Ball und tritt dem Ball je nach Rotation des gegnerischen Balles mit mehr oder weniger geschlossenem Schlägerblatt passiv gegenüber („passiver Block"). Beim „aktiven Block" schwingt der Unterarm etwas nach vorne. *Der Treffpunkt des Balles* ist mit mehr oder weniger geschlossenem Schlägerblatt vor dem Körper unmittelbar nach Aufsprung des Balles bzw. am Anfang der steigenden Phase seiner Flugkurve.

Es erfolgt *keine Ausschwungphase* beim „passiven Block" bzw. ein sofortiges Abbremsen der Schlagbewegung beim „aktiven Block". Erfahrungsgemäß besteht der häufigste Fehler darin, dass der Schläger sich in der Ausgangsstellung nicht über dem Tisch befindet, sondern von unter Tischhöhe erst nach oben geführt wird. Dies bewirkt eine große Fehlerquote (der Ball fliegt über die gegnerische Tischhälfte hinaus), da der Ball zu spät getroffen wird bzw. die Bewegung von unten nach oben erfolgt.

Erlernen des RH-Blocks mit folgender methodischen Übungsreihe

- Der RH-Block wird in der methodischen Einführung in Verbindung mit dem VH- bzw. RH-Topspin/Zugball erlernt.
- Der Partner spielt aus der RH-Tischseite erst nach mehrmaligem, dann nach einmaligem Ausspringen des Balles VH- oder RH-Topspin in die RH-Seite des Spielers, der mit RH-Block zurückspielt (vgl. Übungsformen zum VH- bzw. RH-Topspin).
- Der RH-Block wird im Zusammenhang mit den Übungsformen zum VH- und RH-Topspin angewendet.
- Festigung der Schlagtechnik in spielnahen Übungsformen.

Alternativ: Übungsformen des Balleimertrainings.

Der Vorhand-Block

Bewegungsbeschreibung

In der *Ausgangsstellung* sind die gebeugten Beine schulterbreit geöffnet und stehen parallel (frontal) oder schräg (rechtes Bein beim Rechtshänder ca. eine Fußlänge hinter dem linken) zur

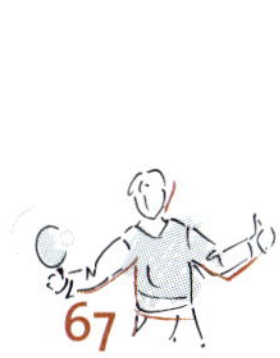

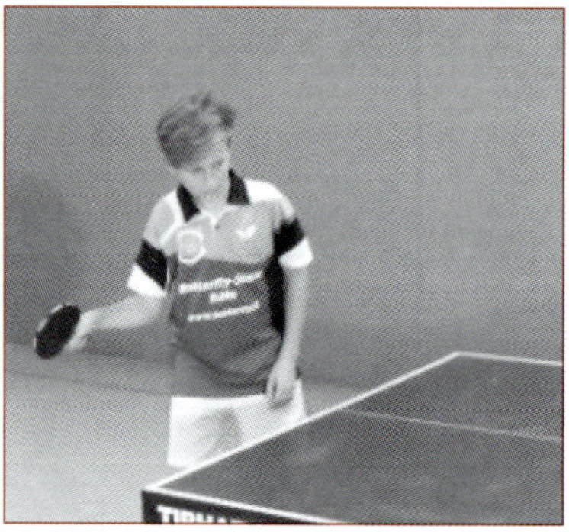

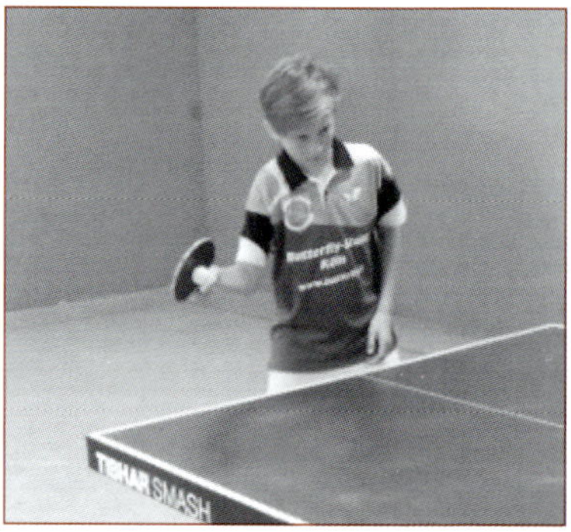

Bilder 27+28: Vorhand-Block

Tischgrundlinie. Das Körpergewicht ist auf beide Beine gleichmäßig verteilt. Der Oberkörper ist leicht nach vorne gebeugt. Der leicht angewinkelte Schlagarm befindet sich seitlich vor dem Körper. Eine *Ausholbewegung* ist kaum vorhanden. Lediglich der Rumpf dreht sich eine Nuance nach rechts, wobei sich das Körpergewicht leicht auf das rechte Bein verlagert. Der Schlagarm schwingt gleichzeitig etwas nach hinten. In der ebenfalls *kaum vorhandenen Schlagphase* dreht sich der Rumpf wieder nach links (Körpergewicht mehr auf das linke Bein). Beim „passiven Block" vollzieht der Schlagarm nahezu keine Bewegung. Beim „aktiven Block" schwingt der Schlagarm etwas nach vorne. Der *Treffpunkt des Balles* ist seitlich vor dem Körper mit mehr oder weniger geschlossenem Schlägerblatt (je nach Vorwärtsdrall des gegnerischen Balles).
Der Schläger befindet sich über Tischhöhe vor dem Ball und trifft den Ball unmittelbar nach seinem Aufsprung bzw. am Anfang der steigenden Phase seiner Flugkurve. In der *Ausschwungphase* wird die Schlagbewegung beim „aktiven Block" direkt mit dem Ballkontakt abgebremst. Der „passive Block" hat keine direkte Endphase. Zum Abschluss wird die Ausgangsstellung wieder eingenommen.

Erlernen des VH-Blocks mit folgender Übungsreihe

- Der VH-Block wird methodisch in Verbindung mit dem VH- und RH-Topspin erlernt.
- Der VH-Block wird im Zusammenhang mit den Übungsformen zum VH- bzw. RH-Topspin angewendet.
- Festigung der Schlagtechnik in spielnahen Übungsformen.

Alternativ: Übungsformen zum VH-Block mit Hilfe des Balleimertrainings schulen.

Spielphase Doppelstunde 5: „Das Kaiserspiel“

Da in Doppelstunde 5 das „Kaiserspielturnier“ in der Spielphase gespielt wird, soll diese Turnierform im Folgenden erläutert werden:

Sinn und Zweck des Kaiserspiels ist, einen Turnier-Gesamtsieger, den „Kaiser“, zu ermitteln. An jedem Tisch spielen zwei Spieler oder Doppel, wenn das Turnier auf Doppelpaarungen erweitert werden soll (z. B. bei einer zahlenmäßig großen Lerngruppe). Die Spielregeln können variiert werden. Es kann in festen Zeitabschnitten (z. B. 2–3 Minuten) gespielt werden, wobei der Aufschlag nach jedem Punkt wechselt. Es kann aber auch beispielsweise mit Satzspielen bis 11 oder 21 oder nach Tennisregeln gespielt werden. Geht man von dem Beispiel des Spiels nach Zeitabschnitten aus, wird nach einer festgelegten Zeit abgepfiffen. Alle Sieger, d. h. die Spieler, die beim Pfiff in Führung liegen, wechseln einen Tisch nach links in Richtung Tisch 1. Die Verlierer wechseln einen Tisch nach rechts.

Folgende Ausnahmen sind beim Wechsel zu beachten:

- Der Sieger an Tisch 1 bleibt immer links oben in der Position des Kaisers.
- Der Verlierer an Tisch 4 scheidet aus und wird die Nr. 1 auf der Reservebank. Nr. 4 der Reservebank geht an Tisch 4. Alle Spieler der Reservebank rücken nach rechts weiter auf.
- Bei unentschiedenem Spielstand muss der Punkt ausgespielt und eine Entscheidung herbeigeführt werden.

Nach einer gewissen Zeit ist der Sieger an Tisch 1 der Kaiser und Gesamtsieger.

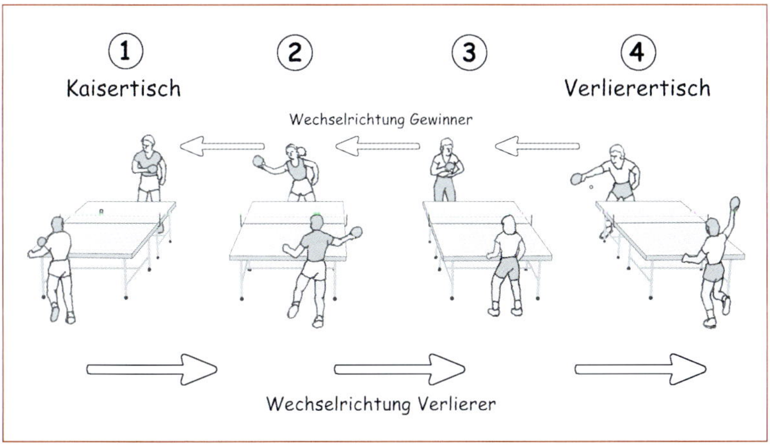

Abb. 31: Kaiserspiel-Turnier

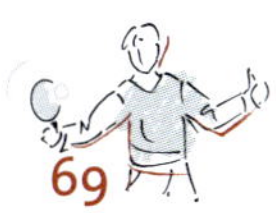

Damit das Spiel seinen Sinn erhält, ist es wichtig, dass die Spielschwächeren an den Tischen 1 und 2 beginnen, während die Stärkeren auf der Ersatzbank warten. Dadurch ergibt sich der Vorteil, dass auch die schwächeren Spieler längere Zeit am Spielgeschehen teilnehmen, bevor sie auf der Reservebank landen. Spielstärkere müssen sich erst einmal in Richtung Tisch 1 vorkämpfen, bis sie auf gleich starke Gegner stoßen. Dies bedeutet wiederum, dass stärkere und schwächere Spieler aufeinandertreffen. Spielt man das Spiel zu lange, muss man den Nachteil bedenken, dass die Spieler nur noch zwischen denselben Positionen hin- und herwechseln, worunter die Motivation schnell leiden kann. Besteht bei geringer Spieleranzahl noch genügend Unterrichtszeit, lässt man nach dem Abpfiff des Kaiserspiels die Spieler, die an denselben Tischen stehen, einen Satz auf 11 Punkte spielen, denn zu diesem Zeitpunkt dürften sich gleichwertige Spieler gegenüberstehen.

Variationen

- Spiel in Zeitabschnitten (z. B. 3 Minuten).
- Satzspiele bis 11 (21).
- Spiele nach Tennisregeln u. a.

Doppelstunde 5: *Einführung des Topspinschlages gegen Block*

Stundenabschnitte und Unterrichtsinhalte	Organisatorische Hinweise

Aufwärmphase

Spiel 1: *Schwänzchenfangen*

Jeder Spieler erhält ein Band und steckt es sich hinten in den Hosenbund. Ziel des Spiels ist, möglichst viele fremde Schwänzchen zu fangen und sein eigenes zu behalten. Wer mehr als ein Schwänzchen gefangen hat, kann bei Verlust seines Schwänzchens ein gefangenes als Ersatz hinten in seinen Hosenburd stecken. Auch ohne Schwänzchen kann weiter gefangen werden und ein ergattertes Band wieder als Schwänzchen genutzt werden.

Variationsmöglichkeiten

- Spieler ohne Schwänzchen scheiden aus und erhalten eine andere Aufwärmaufgabe (z. B. 20 Hampelmänner u. a.).
- Es wird mit einem Fänger gespielt. Wenn dieser ein Schwänzchen ergattert hat, wird ein neuer Fänger bestimmt.

Ziel des Aufwärmspiels ist die physische und psychische Vorbereitung auf den Hauptteil sowie im Speziellen die Förderung der Orientierungsfähigkeit, des peripheren Sehens, der Schnelligkeit und der Reaktionsfähigkeit.

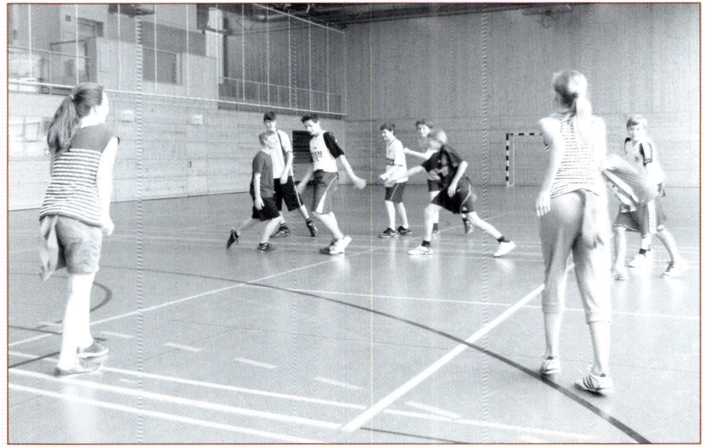

Bild 29: „Schwänzchenfangen“

Stundenabschnitte und Unterrichtsinhalte	Organisatorische Hinweise

Spiel- und / oder Übungsphase

Übung 1: *Erlernen des früh geschlagenen VH-Topspinschlages mit Hilfe des Balleimertrainings* (vgl. Abb. 32)

Der Zuspieler spielt dem Übenden die Bälle ohne oder auch mit leichter Vorwärts-Rotation kontinuierlich in die Vorhandseite zu. Der Übende schlägt den Ball mit der erklärten Topspinbewegung diagonal zurück.
Ein Mitschüler hat die Aufgabe, die gespielten Bälle mit einem Markierungshütchen aufzufangen. Zwei weitere Mitschüler sammeln die Bälle, die auf den Boden fallen, auf. Alle Ballsammler sorgen dafür, dass der Balleimer immer wieder mit Bällen gefüllt wird.
Es können auch mehrere Schüler als Übende agieren, indem jeder Schüler zehn Topspinschläge spielt, dann der nächste an der Reihe ist. Nach einiger Zeit wechseln die Aufgaben für die Schüler.

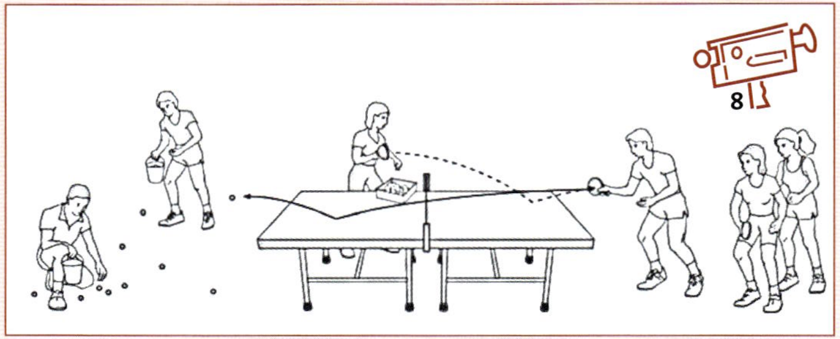

Abb. 32: Balleimertraining mit VH-Topspin

Übung 2: *Erlernen des Rückhand-Konterschlages und -aufschlages mit folgender methodischen Übungsreihe* (vgl. Abb. 33)

- Den Ball in 2 bis 3 Meter Entfernung zum Tisch auf dem Hallenboden aufspringen lassen und mit der Topspinschlag-Bewegung auf die gegnerische Tischhälfte schlagen.
- Der Übende steht auf der RH-Seite seitlich neben dem Tisch, lässt den Ball zwei- bis dreimal auf dem Tisch aufspringen und spielt ihn mit dem Topspinschlag zum Partner. Dieser fängt den Ball auf und spielt genauso zurück.
- Der Spieler lässt den Ball nur noch einmal auf der RH-Tischseite aufspringen und schlägt ihn mit der Topspinbewegung zum Partner.
- Der Übende schlägt den Ball mit der Topspin-Schlagbewegung zum Partner (siehe oben), der mit dem Rückhand-Konterschlag (Achtung: relativ passiver RH-Konterschlag mit wenig Aushol- und Ausschwungbewegung) oder RH-Block diagonal zurückschlägt. Der Übende fängt den Ball auf und spielt erneut. Jeder Spieler wiederholt die Übungsform mehrmals.
- Die gleiche Übungsform wie zuvor wird fortgesetzt, aber der Ballwechsel wird ausgespielt.

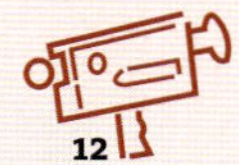

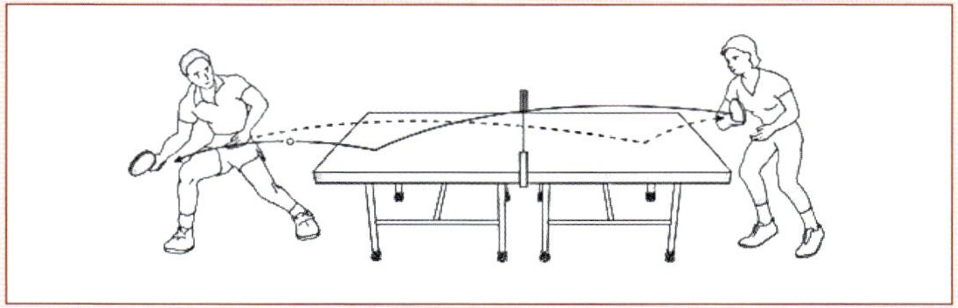

Abb. 33: VH-Topspin gegen RH-Block

Zur Organisation: Je nach Anzahl der Schüler und Tische kann im Wechsel sowohl das Balleimertraining als auch die MÜR an mehreren Tischen gespielt werden!

Spielphase

Spiel 1: *Anwenden der erlernten Schlagtechniken im Spiel!*

Kaiserspiel-Turnier

„Kaiserspiel-Turnier“ auf Zeit: jede Runde dauert 4 Minuten! Das Spiel kann mit „indirektem“ oder offiziellem Aufschlag begonnen werden.
Die Spiele beginnen und enden gleichzeitig auf Pfiff des Lehrers! Danach wechseln die Sieger (Führenden) bzw. Verlierer (Zurückliegenden) an die benachbarten Tische.

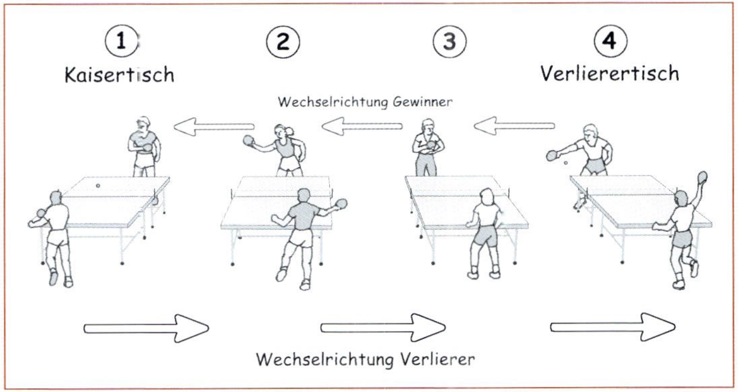

Abb. 34: „Kaiserspiel-Turnier“

Doppelstunde 6: Einführung des RH-Topspinschlages und Festigung der erlernten Schlagtechniken im Stationsbetrieb

Der RH-Topspinschlag

Bewegungsbeschreibung

Die gebeugten Beine sind in der *Ausgangsstellung* schulterbreit geöffnet und stehen parallel zur Tischgrundlinie (individuell: rechter Fuß steht bis zu einer halben Schrittlänge vor dem linken Fuß). Das Körpergewicht ist gleichmäßig auf beide Beine verteilt. Der Oberkörper ist leicht nach vorne gebeugt. Der Schlagarm befindet sich leicht angewinkelt vor dem Körper. Das Schlägerblatt ist leicht geschlossen. In der *Ausholphase* dreht sich der Körper nach links. Die rechte Schulter senkt sich etwas nach unten und zeigt in Schlagrichtung. Der Schlagarm wird nach hinten unten geführt, wobei bei vermehrtem Handgelenkeinsatz das Handgelenk abgewinkelt

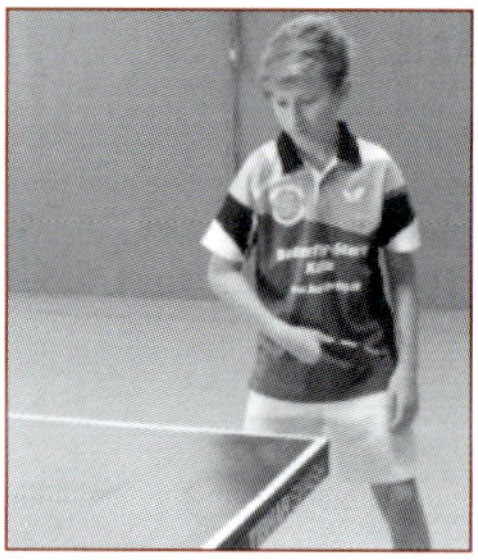

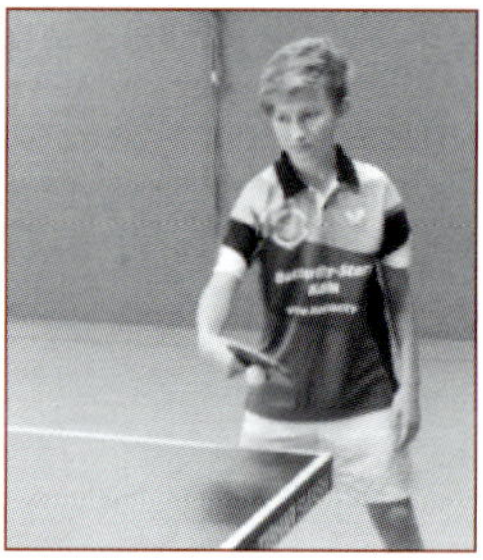

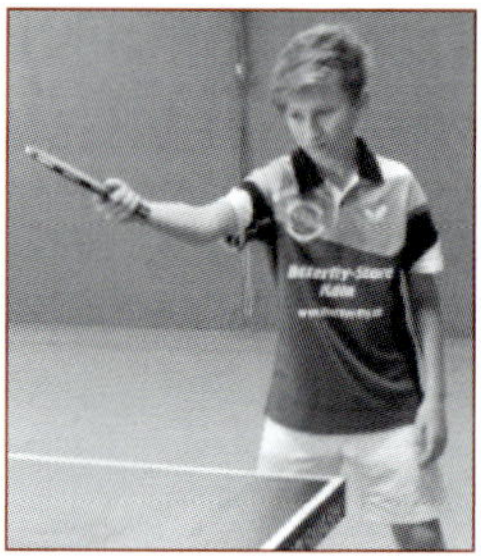

Bilder 30–32: RH-Topspin

werden kann, sodass der Schlägerkopf nach unten zeigt. Die *Schlagphase* ist eine beschleunigte Bewegung aus dem Unterarm und dem Handgelenk heraus. Die Bewegung und der Körperschwerpunkt verlagern sich nach vorne. Der Schlagarm beschleunigt durch eine Vorwärts-aufwärts-Bewegung im Schulter- und Ellbogengelenk nach vorne oben. Bei stärkerem Handgelenkeinsatz (der zu empfehlen ist!) schwingt der Schlägerkopf nach oben. Dieser Handgelenkeinsatz setzt in der Balltreffphase ein. Der *Treffpunkt des Balles* ist vor dem Körper (etwa Körpermitte). Der Ball wird in der fallenden Phase tangential getroffen. Er kann auch in der steigenden Phase bzw. am höchsten Punkt seiner Flugkurve gespielt werden, wobei die gesamte Bewegung mehr nach vorne ausgeführt wird. In der *Ausschwungphase* verlagert sich das Körpergewicht auf die Fußballen (bei parallelem Stand) bzw. auf das vordere rechte Bein. Der Schlagarm schwingt fast bis zur Streckung nach vorne. Zum Schluss wird die Ausgangsstellung eingenommen.

Man unterscheidet:

- Gegen Bälle mit Rückwärtsrotation werden Körper und Schlagarm mehr nach oben beschleunigt.
- Gegen Bälle mit (leichter) Vorwärtsrotation (Konterschlag) geht die Gesamtbewegung waagerechter nach vorne.

Stationsbetrieb mit unterschiedlichen Sinnperspektiven

Um die pädagogische Zielsetzung einer mehrperspektivischen Wirksamkeit zu verdeutlichen, soll dies mit Hilfe des *Stationstrainings* an folgendem Beispiel näher erläutert werden.

Station 1: Die Übungsform „Rückhand Konterschlag ohne Pause" dient der Perspektive *Leistung, Wettkampf, Erfolg und Vergleich* und zielt dominant auf eine Förderung der physisch-psychischen Gesundheit, da durch die lang anhaltenden Ballwechsel eine konditionelle Beanspruchung erzeugt wird, und durch die Aufgabenstellung „ohne Pause" z. B. Durchsetzungsvermögen gefordert ist.

Station 2: Das „Rundlaufspiel" beinhaltet die Perspektive *Spannung, Wagnis, Risiko, aber auch Geselligkeit.*

Station 3: Die Übungsform „Rückhand-Topspin diagonal" zielt dominant auf die Kooperation. Die Vorgabe der diagonalen Spielrichtung mit abgedeckten Tischhälften verlangt eine erhöhte Konzentrationsfähigkeit für die Platzierungsgenauigkeit des Balles und beinhaltet die Perspektive *Miteinander – Füreinander und Kooperieren.*

Station 4: Mit Hilfe des *Balleimertrainings* wird eine erhöhte konditionelle Beanspruchung erzeugt und dient dominant der physischen Gesundheitswirksamkeit, denn insbesondere durch das Zuspiel aus dem Balleimer können die Belastungsnormative Reizintensität, Reizumfang und Reizdichte gezielt genutzt werden. Die Perspektive *Leistung und Bewegungsempfinden/ Körpererfahrung* steht hierbei im Vordergrund.

Station 5: Die Übungsform „Vorhand-Konterschlag ohne Pause" beinhaltet die Perspektive Ausdauer und Ausdruck, Gestaltung, Ästhetik, da faszinierende, schnelle Ballwechsel mit ästhetischen Bewegungen erzeugt werden können. Zudem wird eine konditionelle Beanspruchung erzeugt, die dominant auf eine physisch-psychische Gesundheitswirksamkeit zielt.

Station 6: Der Einsatz eines Korrekturbogens, mit dessen Hilfe ein Mitschüler Bewegungskorrekturen angeben kann, führt zur Perspektive des Kooperierens und des Miteinanders. Denn die Rolle des „Trainers" stärkt das Selbstbewusstsein und fördert den *Empowerment-Ansatz.*

Anmerkung zu den Stationen 1–6: Die hier in kurzer Zusammenfassung dargestellten Perspektiven sollen dominante Orientierungen darstellen, die aber nicht monostrukturell zu betrachten sind, sondern immer auch andere Perspektiven mit fördern.
Wie 24 Schüler (oder im Bedarfsfall auch mehr) an sechs Tischen mit unterschiedlichen Aufgaben und Sinnperspektiven unterrichtet werden können, soll folgendes Beispiel zeigen, bei der alle 10 Minuten die Stationen gewechselt werden:

Station 1: „Rückhand Konterschlag ohne Pause"

Station 2: „Rundlaufspiel"

Station 3: „Rückhand-Topspin diagonal"

Station 4: „Balleimertraining" zum VH-Topspin und RH-Block

Station 5: „Vorhand-Konterschlag ohne Pause"

Station 6: Einsatz eines Korrekturbogens, mit dessen Hilfe ein Mitschüler Bewegungskorrekturen zum Vorhand- bzw. Rückhand-Konterschlag angeben kann.

Station 7: Kranke oder verletzte Schüler beschäftigen sich theoretisch mit den Schlagtechniken.

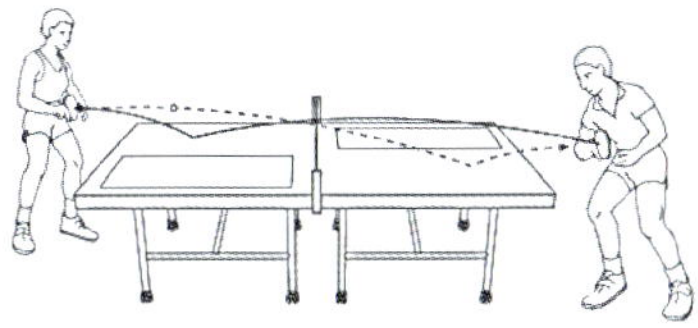

Station 1: Übungsform
RH-Konterschläge (2 Schüler)

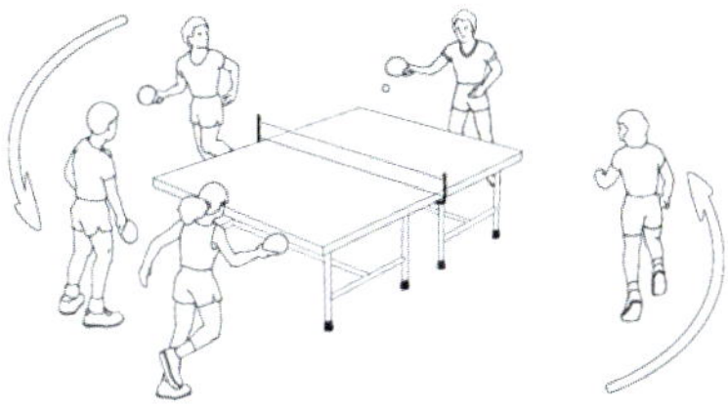

Station 2: Spielform Rundlauf
(6 Schüler)

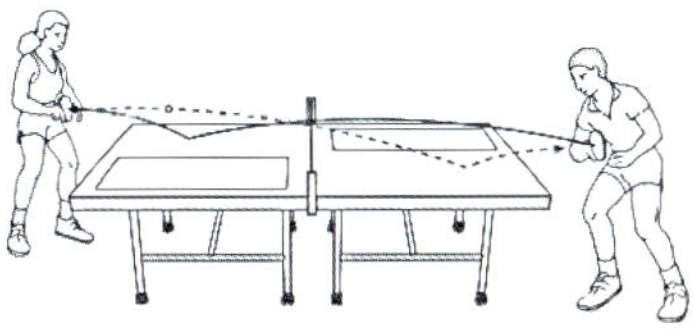

Station 3:
ÜF RH-Topspin (2 Schüler)

Station 4: Balleimer
(6 Schüler, 2 Balleimer,
80 Bälle)

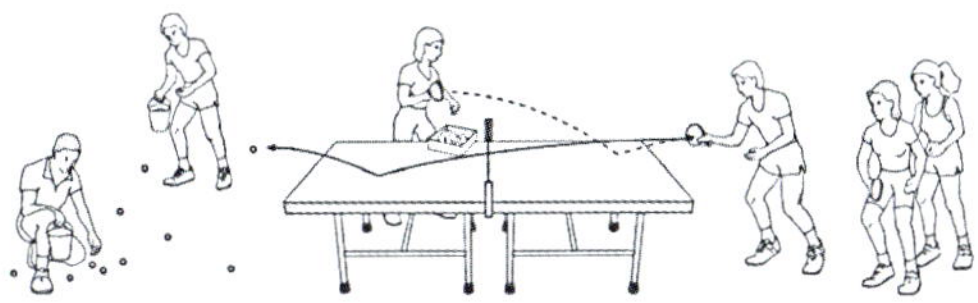

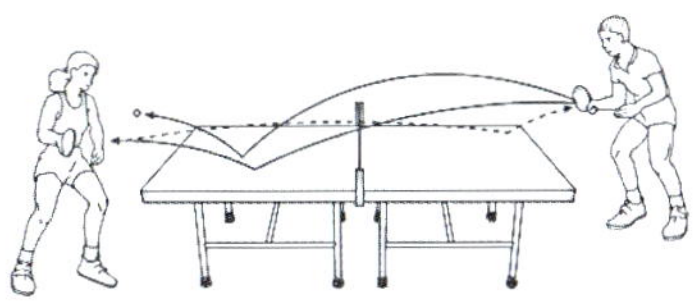

Station 5:
VH-Konterschläge (2 Schüler)

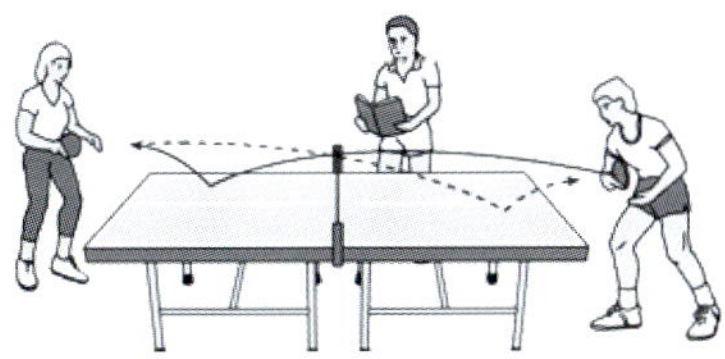

Station 6:
Korrekturhilfen (3 Schüler)

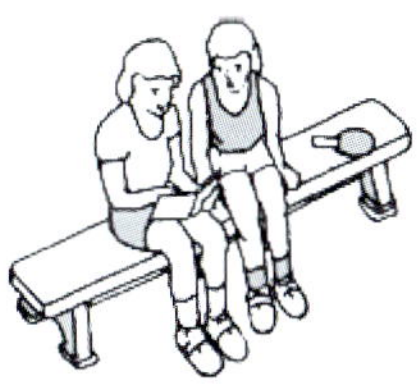

Station 7: Theorie kranker oder
verletzter Schüler (z. B. 3 Schüler)

Abb. 35–41: Stationstraining mit unterschiedlichen pädagogischen Sinnperspektiven

Doppelstunde 6: *Einführung des RH-Topspinschlages*

Stundenabschnitte und Unterrichtsinhalte	Organisatorische Hinweise

Aufwärmphase

Übung 1: *Frisbee zur Vorbereitung des RH-Topspinschlages*

Die Schüler spielen sich paarweise oder in Vierergruppen eine Frisbee-Scheibe mit der RH-Wurfbewegung zu.

Variante
In Vierergruppen stehen sich jeweils zwei Schüler 5–7 m gegenüber und werfen sich die Frisbee-Scheibe zu. Nach dem Wurf läuft der Schüler zur gegenüber stehenden Zweiergruppe und macht dabei Übungen des Lauf-ABC.

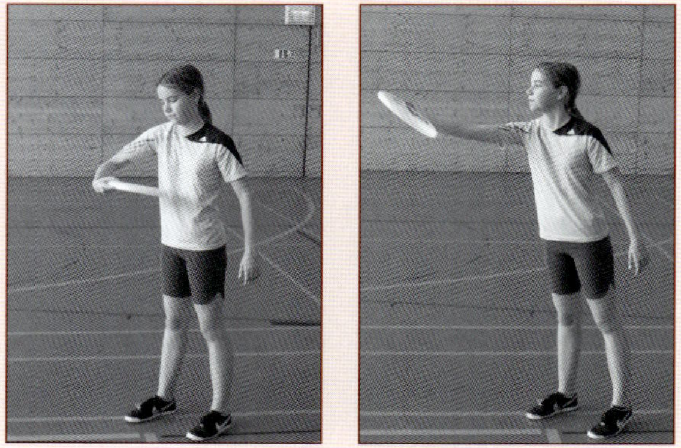

Bilder 33–34: Frisbee zur Vorbereitung des RH-Topspinschlages

16 a+b

Übung 2: *Ultimate-Frisbee*

Zwei Mannschaften haben die Aufgabe, durch Passen und Fangen eine Frisbee-Scheibe hinter eine Linie zu befördern, wo sie von einem Mannschaftsmitglied gefangen werden muss. Die gegnerische Mannschaft versucht die Scheibe vorher abzufangen und ebenfalls hinter eine Linie zu bringen. Mit der Scheibe darf nicht gelaufen werden, Gegnerberührungen sind verboten, auf dem Boden liegende Scheiben sind frei.

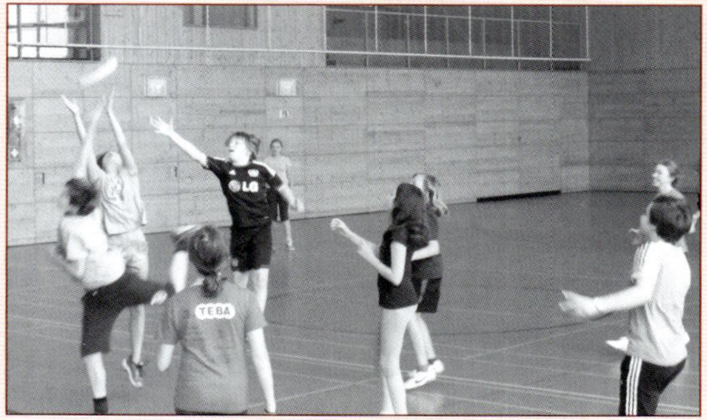

Bild 35: Ultimate-Frisbee

17

Spiel- und / oder Übungsphase

Übung 1: ***Erlernen des RH-Topspins mit folgender methodischen Übungsreihe***

- Aus einer tiefen, frontalen Hockstellung (weite Fußstellung) wird der auf den Boden aufspringende Ball mit der RH-Topspinschlagtechnik über das Netz auf die gegnerische Tischhälfte gespielt. Der Partner fängt den Ball auf und spielt ebenso.
- Die vorgenannte Übungsform wird aus der Ausgangsstellung heraus gespielt.
- Den Ball zwei- bis dreimal auf der RH-Tischseite aufspringen lassen und mit der RH-Topspinbewegung erst diagonal, dann parallel zum Partner spielen. Dieser fängt den Ball auf und spielt ebenso zurück. Danach wird die gleiche Übungsform durchgeführt, jedoch springt der Ball nur noch einmal auf
- Der Partner spielt mit „indirektem Schupfaufschlag“ oder mit „indirektem Konteraufschlag“ den Ball auf die RH-Seite des Übenden, der den Ball mit der RH-Topspinschlagtechnik erst diagonal, dann parallel zurückspielt. Der Aufschläger blockt nach einiger Zeit die Bälle zurück.
- Festigung der Schlagtechnik in spielnahen Übungsformen.

Alternativ: Übungsformen des Balleimertrainings (vgl. Abb 43).

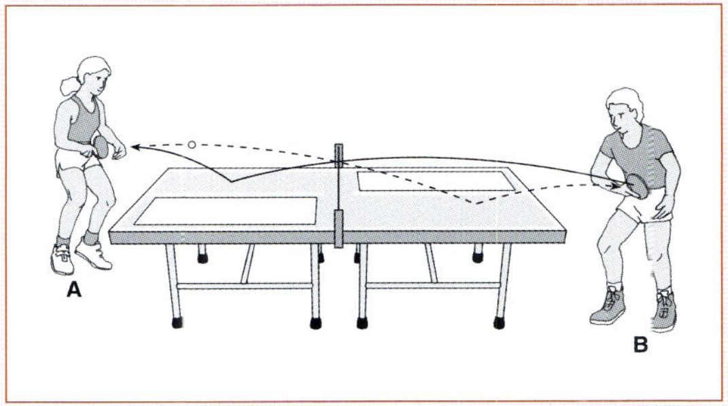

Abb. 42: RH-Topspin gegen RH-Block

15 a+b

8

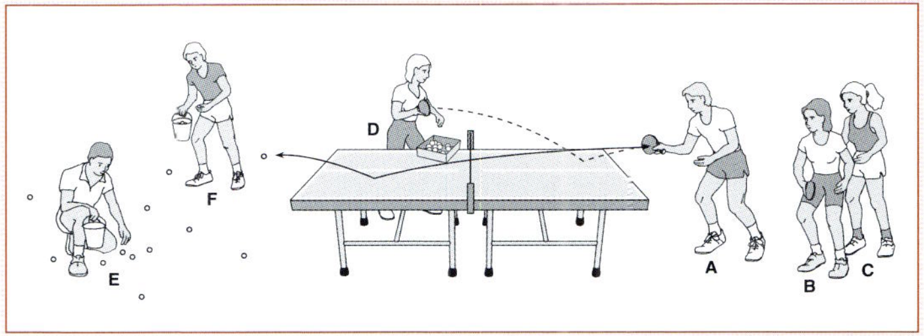

Abb. 43: Balleimertraining mit RH-Topspin

Stundenabschnitte und Unterrichtsinhalte	Organisatorische Hinweise

Spielphase

Übung 2: *Stationsbetrieb mit unterschiedlichen Sinnperspektiven*

Station 1: „Rückhand- Konterschlag ohne Pause" 11 a+b

Station 2: „Rundlaufspiel" 10

Station 3: „Rückhand-Topspin diagonal" 15 a+b

Station 4: „Balleimertraining" zum VH-Topspin und RH-Block

Station 5: „Vorhand-Konterschlag ohne Pause" 7

Station 6: Einsatz eines Korrekturbogens, mit dessen Hilfe ein Mitschüler Bewegungskorrekturen zum Vorhand- bzw. Rückhand-Konterschlag angeben kann.

Station 7: Kranke oder verletzte Schüler beschäftigen sich theoretisch mit den Schlagtechniken.

Beispiel: 24 Schüler, 6 Tische, 100 Bälle, 2 Balleimer, Arbeitsmaterialien

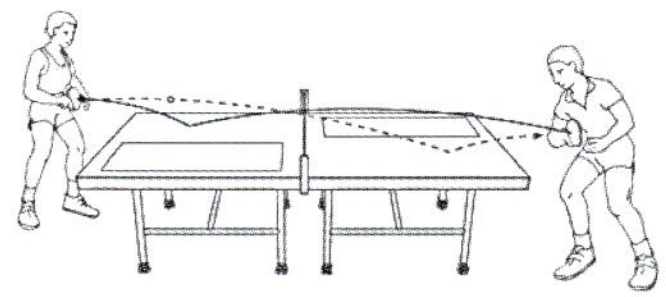
Station 1: RH-Konterschläge

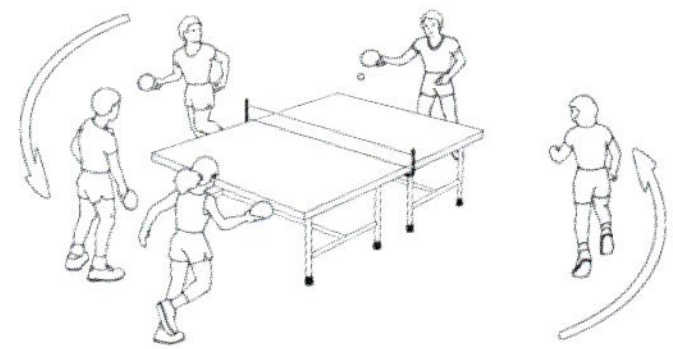
Station 2: Rundlauf

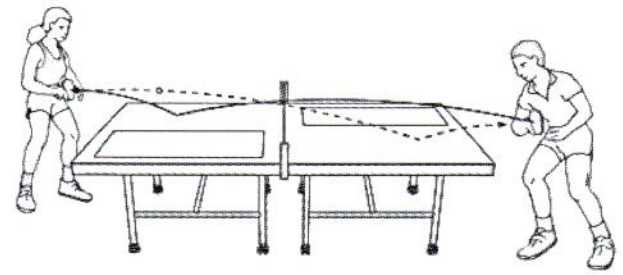
Station 3: RH-Topspin

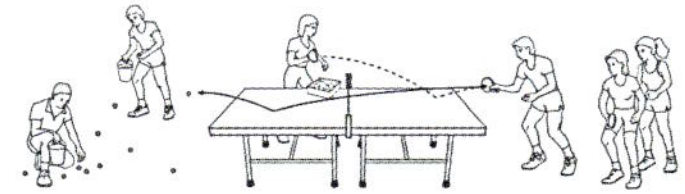
Station 4: Balleimertaining

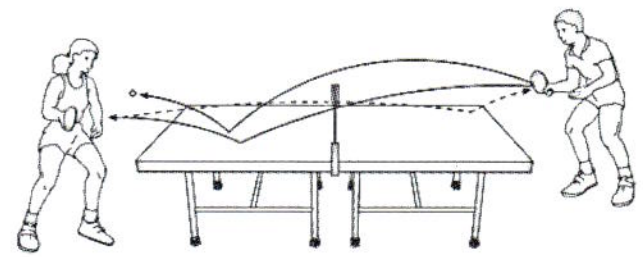
Station 5:
ÜF VH-Konterschläge (2 Schüler)

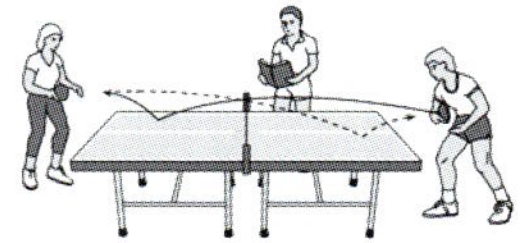
Station 6:
Korrekturhilfen (3 Schüler)

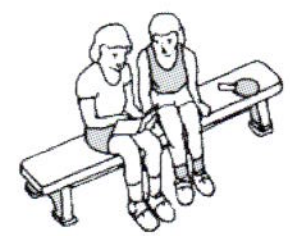
Station 7:
Theorie

Abb. 44–50: Stationsbetrieb mit unterschiedlichen Sinnperspektiven

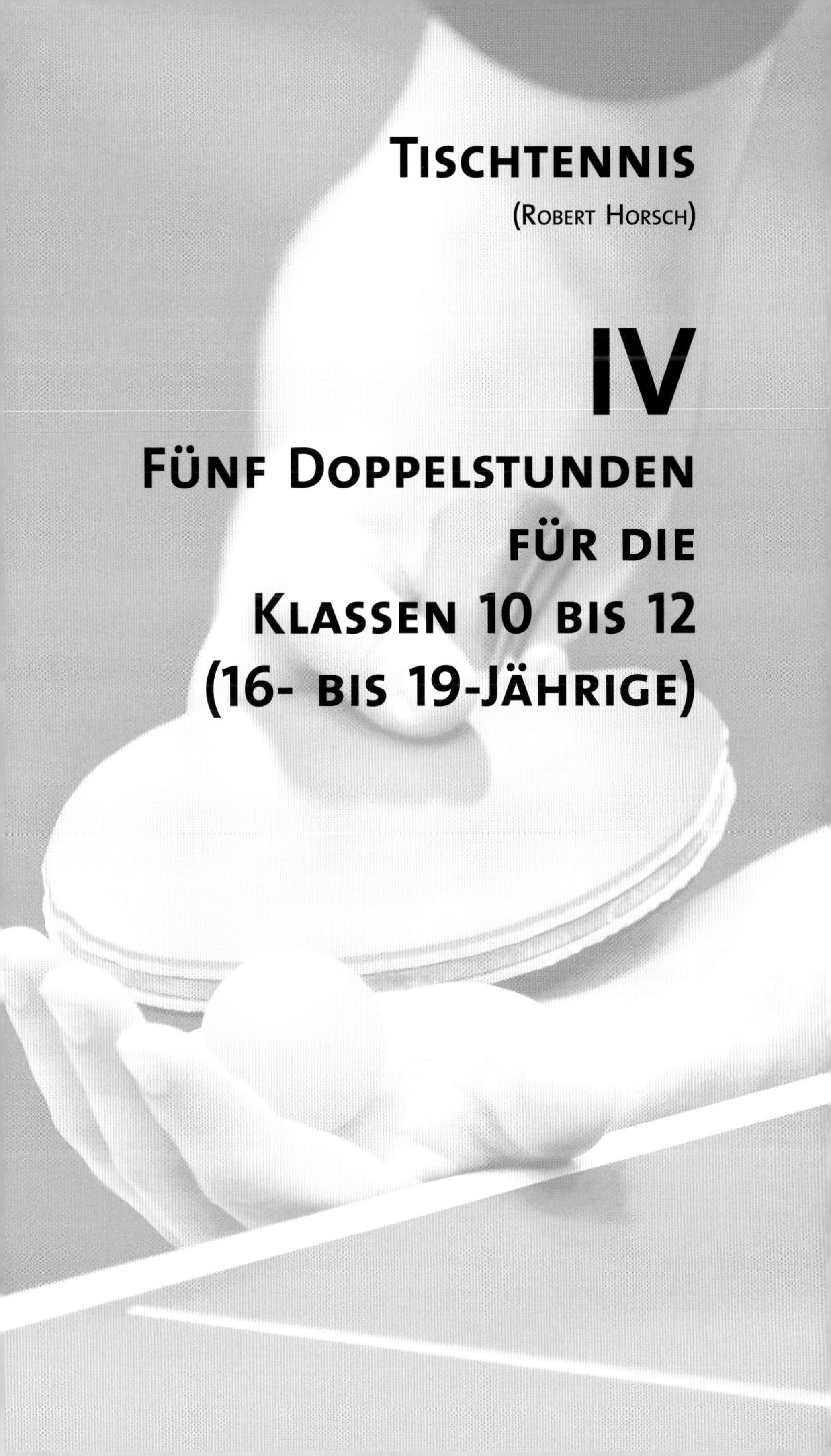

Tischtennis

(Robert Horsch)

IV

Fünf Doppelstunden für die Klassen 10 bis 12 (16- bis 19-Jährige)

Erweiterung der Spieltechnik und Spieltaktik

In den Klassen 5–9 liegen die Schwerpunkte auf der Vermittlung einer spezifischen Spielfähigkeit, von tischtennisspezifischen Fertigkeiten und spielspezifischen Handlungsmöglichkeiten.
Die **Doppelstunde Tischtennis** stellt eine Unterrichtskonzeption mit vertikaler und horizontaler Progression dar. Ziele und Komplexität der Inhalte sollen folglich für die Klassen 10–12 sowohl hinsichtlich einer vertikalen, als auch horizontalen Progression erweitert werden. Das heißt, dass sich in der Kursstufe Schlag- und Aufschlagtechniken erweitern und die in Klasse 5–9 erlernten Schlagtechniken in komplexeren Spiel- und Übungsformen festigen sollen. Dementsprechend werden folgende Schlagtechniken neu und erweiternd eingeführt:

- Vorhand- und Rückhand-Schupfschläge
- Vorhand-Topspin (gegen Schupfschläge)
- Vorhand-Schmetterschlag
- Vorhand- und Rückhand-Flip
- Rotationsaufschläge („Trickaufschläge")

Ebenso wird auf eine zunehmende Eigenverantwortlichkeit und Selbstständigkeit der Schüler hingearbeitet. Durch Zunahme von Können und Wissen sollen Schüler zusätzliche Handlungspositionen im Unterricht kennenlernen (vgl. hierzu König, Rogoll, Weinans, 1993). Ein Anliegen des Sportunterrichts lässt sich auch als *Eigensteuerung des Lernens, Erziehung zur Selbstständigkeit sowie Lebensnähe und Differenzierung* formulieren (Horsch, 2001, S. 8).
Handlungspositionen der Schüler können im Sportunterricht folgende sein:

- Spiele und Turniere organisieren und leiten.
- Planung und Durchführung eines tischtennisspezifischen „Warm Ups".
- Mitbestimmung von Unterrichtsinhalten und Unterrichtsdifferenzierungen.
- Eigensteuerung des Lernens durch eigenverantwortliche Auswahl von Spiel- und Übungsformen zu vorgegebenen Stundenthemen.

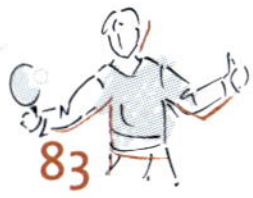

- „Übungsleitertätigkeiten“ bei der Anleitung und Korrektur von Mitschülern übernehmen.

Trainieren und Anwenden der Schlagtechniken

Die Schlagtechniken des Vermittlungsmodells der **Doppelstunde Tischtennis** werden nach folgenden Grundprinzipien geschult:

- Einfach-regelmäßige Übungsformen: das Zuspiel erfolgt nur auf die RH- oder VH- Seite des Tisches. Der Schüler kann sich somit auf die Schlagbewegung konzentrieren. Ziel der Übungen sind in diesem Fall das Erlernen einer Schlagbewegung in der Grobform bzw. das Verbessern bestimmter Teilaspekte einer Schlagbewegung.

- Kombiniert-regelmäßige Übungsformen: das Zuspiel erfolgt regelmäßig abwechselnd in die VH- und RH-Seite. Der Schüler schlägt abwechselnd mit Vorhand und Rückhand. Ziele sind hierbei der Wechsel von Schlagtechniken und die Verbesserung der Bein- und Laufarbeit.

- Kombiniert-unregelmäßige Übungsformen: das Zuspiel erfolgt unregelmäßig in die VH- und RH-Seite bzw. unregelmäßig über den ganzen Tisch verteilt. Mit Hilfe solcher Übungsformen werden Schlagbewegungen unter spiel- und wettkampfnahen Bedingungen geschult, die Beinarbeit und das Antizipations- und Reaktionsvermögen werden verbessert.

Doppelstunde 7: Einführung der Schupfschläge

Die Schupfschläge sind Schlagtechniken mit Rückwärtsrotation, die auch als „Sicherheitsschlag" bezeichnet werden. Die Einführung des RH- und VH-Schupfschlages wird in Doppelstunde 7 vorgenommen.

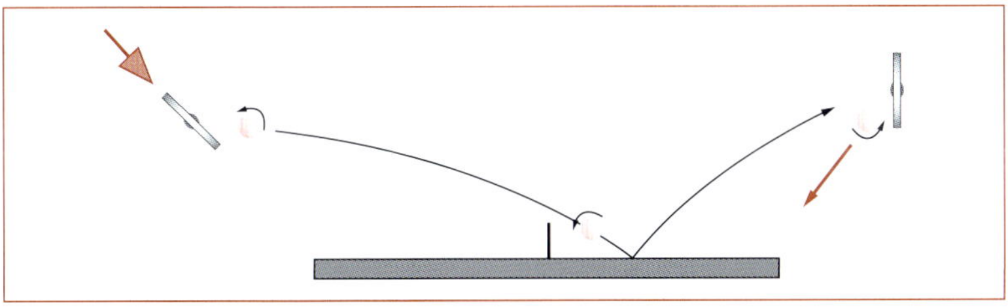

Abb. 52: Verhalten und Wirkung des Balles beim Schupfschlag

Der RH-Schupfschlag

Bewegungsbeschreibung

In der *Ausgangsstellung* sind die Beine gebeugt, schulterbreit geöffnet und stehen parallel zur Tischgrundlinie. Nur bei kurz platzierten Bällen geht der Spieler mit dem rechten Bein nach vorne. Der Oberkörper ist leicht nach vorne gebeugt, die Schultern sind parallel zur Grundlinie ausgerichtet. Der Schlagarm befindet

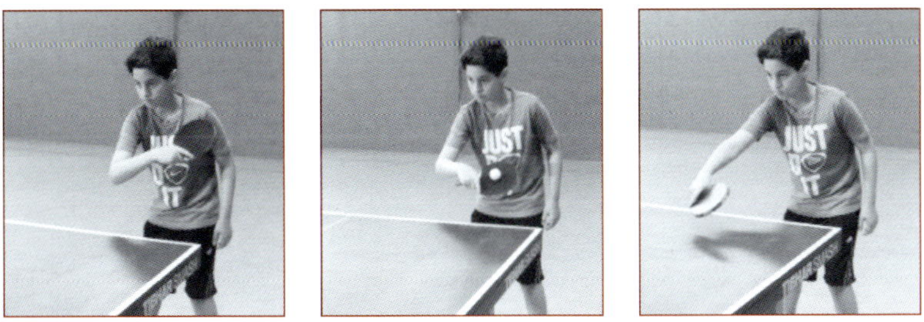

Bilder 36–38: RH-Schupfschlag

sich leicht angewinkelt vor dem Körper. Das Schlägerblatt ist leicht geöffnet. Die *Ausholphase* wird durch eine leichte Drehung der Schulter nach links und Gewichtsverlagerung auf das linke Bein eingeleitet. Der Schlagarm wird nach hinten links zum Körper geführt, sodass der Schläger vor der linken Schulter ist. In der *Schlagphase* verlagert sich das Körpergewicht vom linken Bein auf das rechte. Der Schlagarm wird durch Streckung im Ellbogengelenk von hinten nach vorne in Schlagrichtung geführt. Der Ball wird unterschoben (tangential getroffen) und erhält je nach Ausführung (Stellung des Schlägerblattes, Schlagbeschleunigung u. a.) mehr oder weniger Rückwärtsrotation. Dabei ist der *Treffpunkt* des Balles vor dem Körper (ca. Körpermitte). Der Ball wird kurz vor, jedoch spätestens im höchsten Punkt seiner Flugkurve getroffen („schneller Schupfschlag"). Er kann aber auch in der fallenden Phase als „langsamer Schupfschlag" gespielt werden (u. a. von Abwehrspielern). Die Schlagbewegung ist dann waagerechter von hinten nach vorne in Richtung Netz. Es ist wichtig, die Schlagbewegung nicht mit dem Ballkontakt abzubrechen, sondern in einer Ausschwungphase ausklingen zu lassen. Dabei schwingt der Schlagarm weiter nach vorne unten und ist am Ende der Bewegung fast vollständig gestreckt. Die Schlägerspitze zeigt netzwärts in Schlagrichtung. Das Körpergewicht hat sich für kurze Zeit auf das rechte Bein verlagert. Zum Abschluss wird die Ausgangsstellung wieder eingenommen.

Der VH-Schupfschlag

Bewegungsbeschreibung

In der *Ausgangsstellung* sind die Beine gebeugt, schulterbreit geöffnet und stehen parallel zur Tischgrundlinie. Der Oberkörper ist leicht nach vorne gebeugt. Das Körpergewicht ist gleichmäßig auf beide Beine verteilt. Der Schlagarm befindet sich leicht angewinkelt vor dem Körper. In der *Ausholphase* wird durch Hüft- und Schulter-

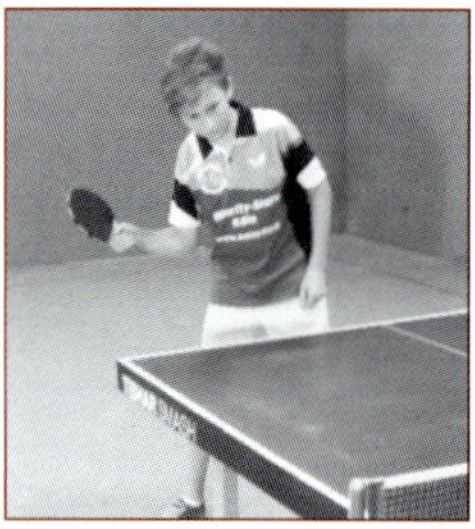

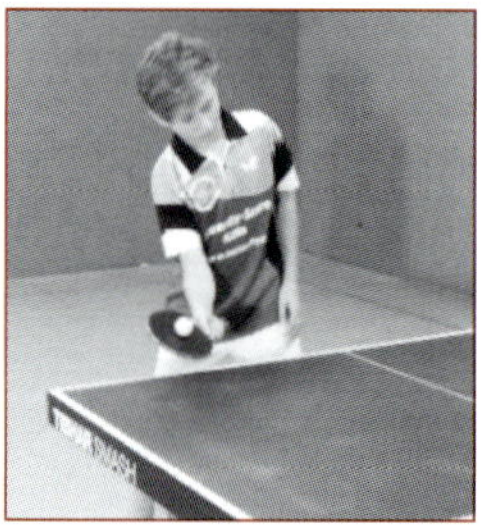

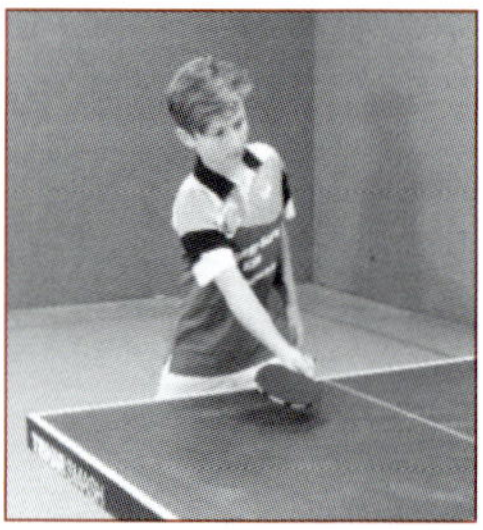

Bilder 39–41: VH-Schupfschlag

drehung nach rechts das rechte Bein etwas seitlich nach hinten gestellt. Nur bei kurz platzierten Bällen wird das rechte Bein nach vorne (meist etwas unter den Tisch) geführt. Das Körpergewicht liegt jetzt auf dem rechten Bein. Der leicht gebeugte Schlagarm wird in eine Hinten-rechts-oben-Position gebracht. Das Schlägerblatt ist leicht geöffnet. Der Ellbogen wird in der Schlagbewegung vorgeschoben (Schubbewegung). Das Schlägerblatt wird während der gesamten Bewegung vor dem Ellbogen gelassen. In der *Schlagphase* verlagert sich das Körpergewicht vom rechten Bein wieder zurück auf beide Beine (unter Umständen auf das linke Bein). Dabei wird der Schläger von hinten nach vorne in Schlagrichtung geführt und der Ball unterschoben (tangential getroffen). *Der Treffpunkt des Balles* ist seitlich vor dem Körper. Der Ball wird kurz vor, jedoch spätestens im höchsten Punkt seiner Flugkurve getroffen („schneller Schupfschlag“). Als „langsamer Schupfschlag“ wird er in der fallenden Phase gespielt, u. a. von Verteidigungsspielern. Die Schlagbewegung ist dann waagerechter. Die Schlagbewegung endet erst in einer *Ausschwungphase*, in der der Schlagarm in Schlagrichtung fast völlig zur Streckung kommt. Das Körpergewicht hat sich wieder auf beide Beine (unter Umständen ganz auf das linke Bein) verlagert, und die Ausgangsstellung wird eingenommen.

Doppelstunde 7: *Einführen und Trainieren der VH- und RH-Schupfschläge und -aufschläge*

Stundenabschnitte und Unterrichtsinhalte	Organisatorische Hinweise

Aufwärmphase

Spiel 1: *Haltet den Kasten voll*

In der Mitte der Halle steht ein kleiner Kasten umgedreht auf seiner Lederfläche. Im Kasten sind 3-mal so viele Tischtennis-Bälle wie Schüler. Der Lehrer (oder ein Schüler) verteilt die Bälle werfend in der Halle. Er darf aber immer nur einen Ball nach dem anderen in die Halle werfen.

Die Schüler versuchen die Tischtennis-Bälle so schnell wie möglich wieder in den Kasten zu legen. Schafft der Lehrer es in einer bestimmten Zeit (z. B. 5 Minuten), den Kasten zu leeren, hat er gewonnen. Schafft er es nicht, haben die Schüler gewonnen!

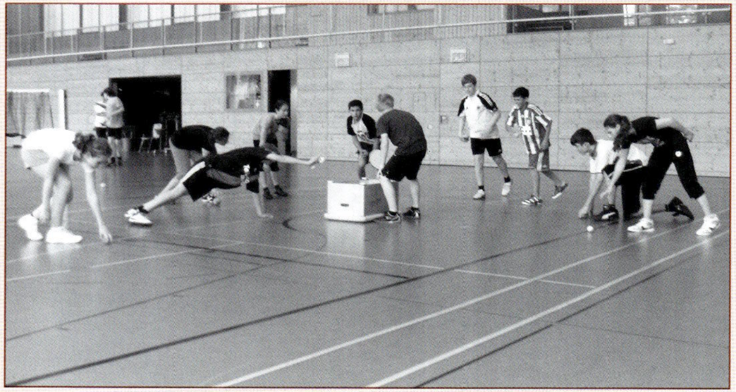

Bild 42: „Haltet den Kasten voll“

Variation

Die TT-Bälle müssen mit dem TT-Schläger in den Kasten transportiert werden (Tippen, prellen, balancieren)! Ziele des Aufwärmspiels sind die physischen und mentalen Aufwärmeffekte für die nachfolgenden Belastungen sowie insbesondere Taktik, Teamfähigkeit, Orientierung und Schnelligkeit.

Stundenabschnitte und Unterrichtsinhalte	Organisatorische Hinweise

Spiel- und / oder Übungsphase

Übungsreihe 1: ***Erlernen des RH-Schupfschlages und -aufschlages mit folgender methodischen Übungsreihe:***

- Den Ball zwei- bis dreimal auf der RH-Seite des Tisches aufspringen lassen und mit der RH-Schupfschlagtechnik diagonal zum Partner spielen. Der Partner fängt den Ball auf und spielt ebenso zurück. Ziel: flache Flugkurve des Balles.
- Den Ball nur noch einmal aufspringen lassen („indirekter Aufschlag“) und mit der RH- Schupfschlagtechnik zum Partner spielen. Dieser fängt den Ball auf und spielt ebenso zurück.
- „Indirekter“ Aufschlag, jedoch spielt der Partner den Ball mit der RH-Schupfschlagtechnik direkt zurück. Jeder Spieler wiederholt die Übungsform mehrmals.
- „Indirekter“ Aufschlag und Ausspielen des Ballwechsels, erst diagonal, dann mit Änderung des Trefferfeldes (diagonal/parallel, regelmäßig/ unregelmäßig).
- Regelgerechter Rückhand-Schupfaufschlag und Ausspielen des Ballwechsels.

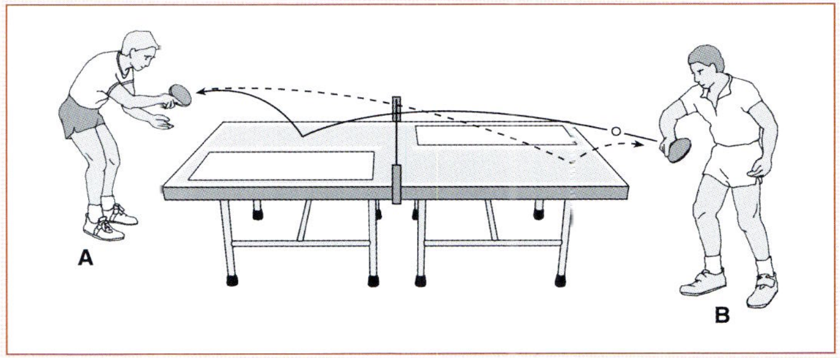

Abb. 52: RH-Schupfschlag diagonal

Tipp: Der Hinweis, dass die Schlagbewegung beim regelgerechten RH-Schupfaufschlag fast identisch mit dem RH-Schupfschlag ist, der Ball aber erst in der eigenen Tischhälfte über das Netz in die gegnerische Tischhälfte gespielt wird, stellt erfahrungsgemäß kaum Probleme bei den Schülern dar.

Alternativ: Übungsformen zum RH-Schupfschlag mit Hilfe des Balleimertrainings schulen

Stundenabschnitte und Unterrichtsinhalte	Organisatorische Hinweise

Übungsreihe 2: *Erlernen des VH-Schupfschlages und -aufschlages mit folgender methodischen Übungsreihe*

- Den Ball zwei- bis dreimal auf dem Tisch aufspringen lassen, dann mit der VH-Schupfschlagtechnik zum Partner spielen. Der Partner fängt den Ball auf und spielt ebenso zurück. Ziel: flache Flugkurve.
- Den Ball nur noch einmal aufspringen lassen („indirekter Aufschlag") und den Ball mit der VH-Schupfschlagtechnik spielen.
- „Indirekter Aufschlag", jedoch spielt der Partner den Ball direkt mit dem VH-Schupfschlag zurück. Jeder Spieler wiederholt die Übungsform mehrmals.
- „Indirekter Aufschlag" und Ausspielen des Ballwechsels, erst diagonal, dann mit Änderung des Trefferfeldes (diagonal/parallel; regelmäßig/unregelmäßig).
- Regelgerechter Vorhand-Schupfaufschlag und Ausspielen des Ballwechsels.

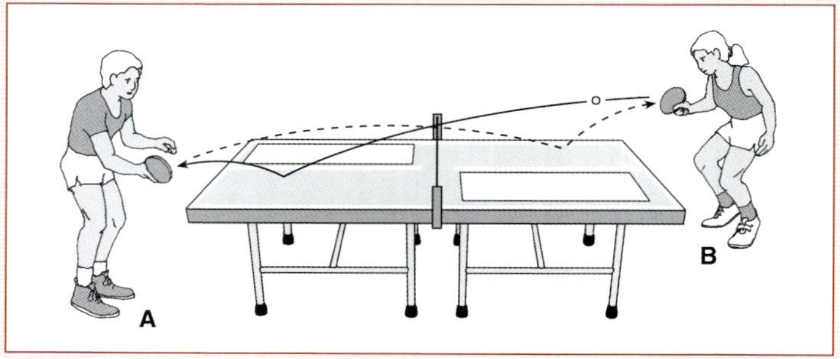

Abb. 53: VH-Schupfschlag diagonal

Tipp: Der Hinweis, dass die Schlagbewegung beim regelgerechten VH-Schupfaufschlag fast identisch mit dem VH-Schupfschlag ist, der Ball aber erst in der eigenen Tischhälfte über das Netz in die gegnerische Tischhälfte gespielt wird, stellt erfahrungsgemäß kaum Probleme bei den Schülern dar.

Alternativ: Übungsformen zum VH-Schupfschlag mit Hilfe des Balleimertrainings schulen.

Stundenabschnitte und Unterrichtsinhalte	Organisatorische Hinweise

Spielphase

1. Übungsform: *RH- und VH-Schupfschlag über Kreuz* (vgl. Abb. 54)

Nach einiger Übungszeit wechseln die Schüler ihre Seiten.

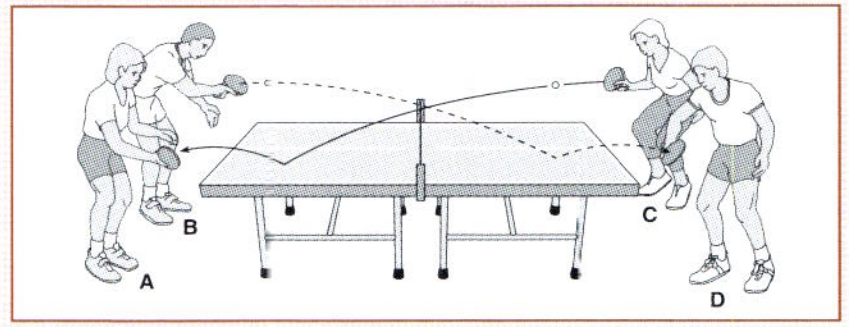

Abb. 54: einfach-regelmäßige Übungsform 1

2. Übungsform: *Topspin gegen Block* (vgl. Abb. 55)

Spielerin A spielt Vorhand-Topspin (früh geschlagen) regelmäßig einmal parallel (1), einmal diagonal (2) aus der Vorhandseite.

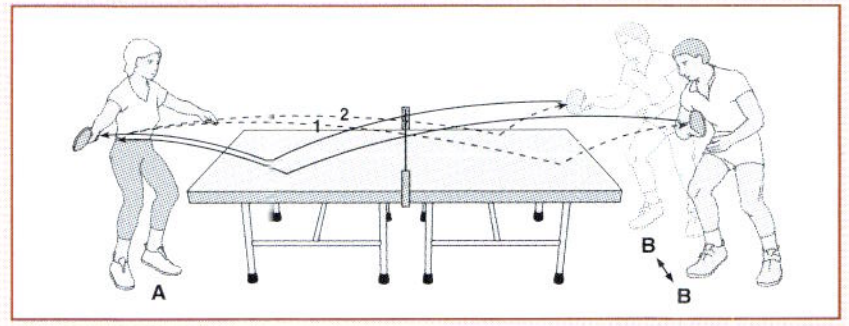

Abb. 55: regelmäßig-kombinierte Übungsform 2

3. Übungsform: *Vorhand-/Rückhand-Konterschlag im Wechsel* (vgl. Abb. 56)

A spielt abwechselnd einmal Vorhand-Topspin (früh oder spät geschlagen) parallel, einmal Rückhand-Konterschlag diagonal. B blockt mit der Rückhand einmal parallel, einmal diagonal.

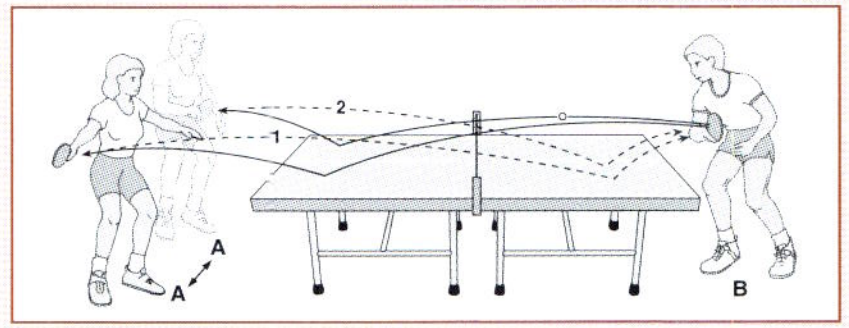

Abb. 56: regelmäßig-kombinierte Übungsform 3

4. Übungsform: *Wettkampfnahe Komplexübung* (vgl. Abb. 57)

- A spielt Rückhand-Konteraufschlag parallel.
- B spielt Vorhand-Konterschlag parallel.
- A spielt Rückhand-Konterschlag diagonal.
- B spielt Rückhand-Konterschlag parallel.
- A spielt Vorhand-Topspin diagonal.
- B spielt freies Spiel weiter.

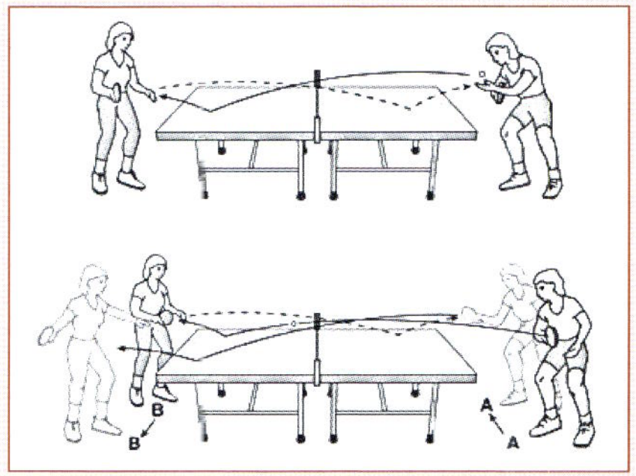

Abb. 57: unregelmäßige wettkampfnahe Übungsform 4

Doppelstunde 8: Einführung des VH-Topspinschlages gegen Schupfschläge

Werden im Spiel Schupfschläge eingesetzt, gibt es aufgrund der Rückwärtsrotation des Balles zwei Möglichkeiten zu „antworten“: mit einem Schupfschlag oder mit einem Topspinschlag. Der Topspinschlag gegen einen Schupfschlag muss sich hierbei vom „früh geschlagenen“ Topspin gegen Block oder Konterschläge unterscheiden. Erstens trifft der „spät geschlagene“ Topspin den Ball in der fallenden Phase, zweitens ist die Schlagbewegung insgesamt weiter nach oben gerichtet.

Der VH-Topspin („spät geschlagen“)

Bewegungsbeschreibung

In der *Ausgangsstellung* sind die Beine gebeugt und etwas mehr als schulterbreit auseinander. Der linke Fuß steht vor der Tischgrundlinie, der rechte ist parallel zur Tischgrundlinie seitlich nach rechts hinten versetzt. Der Körper steht insgesamt etwas seitlich zur Tischgrundlinie. Oberkörper und Schultern sind leicht nach vorne gebeugt. Das Körpergewicht liegt auf beiden Beinen. Der Schlagarm ist leicht angewinkelt und nach hinten unten gerichtet. Das Schlägerblatt ist leicht geschlossen. Die *Ausholphase* beginnt

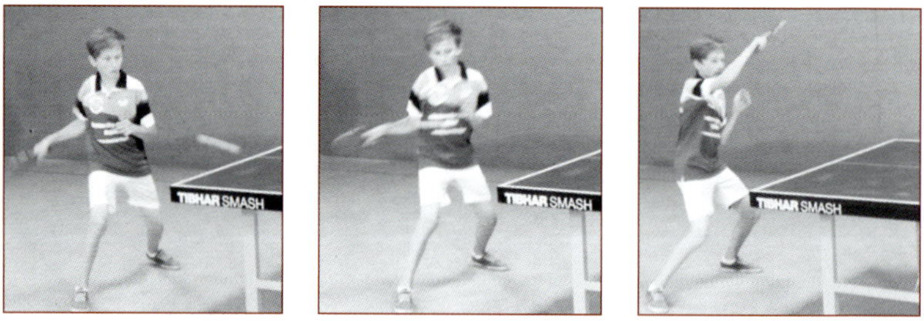

Bilder 43–45: VH-Topspin („spät geschlagen“)

durch eine Drehung im Schulter- und Hüftbereich nach rechts, wobei die Schulter zusätzlich etwas nach unten geführt wird. Es erfolgt eine Beugung in den Knien, und das Körpergewicht verlagert sich auf das rechte Bein. Der Schlagarm wird nach hinten unten geführt. In der *Schlagphase* strecken sich die Beine, und der Körper wird nach vorne oben beschleunigt. Das Körpergewicht verlagert sich auf das vordere linke Bein. Der Schlag wird durch eine leichte Drehung im Hüftbereich und Schultermitnahme nach vorne unterstützt. Der Schlagarm beschleunigt von hinten unten nach vorne oben und beugt im Ellbogengelenk. Der *Treffpunkt des Balles* ist seitlich vor/neben dem Körper. Der Ball wird in der fallenden Phase (ca. in Tischhöhe) tangential getroffen, sodass der Ball eine Vorwärtsrotation erhält. In der *Ausschwungphase* wird der Schwung der Bewegung auf dem vorderen Bein abgefangen. Der Schlagarm schwingt nach vorne links oben bis vor den Kopf. Danach wird die Ausgangsstellung wieder eingenommen.

Doppelstunde 8: *Einführung des VH-Topspinschlages gegen Schupfschläge*

Stundenabschnitte und Unterrichtsinhalte	Organisatorische Hinweise

Aufwärmphase

Übung 1: *„Rettungsinsel“*

Zwei bis vier Spieler verfolgen die anderen Schüler in der ganzen Halle. In der Halle stehen verteilt kleine Kästen als „Rettungsinseln“ herum. Es dürfen aber nur eine Rettungsinsel weniger in der Halle stehen, als Fünfergruppen aus den Schülern gebildet werden können (bei 30 Schülern 5 Rettungsinseln). Hat ein Fänger einen Mitschüler abgeschlagen, fassen sich beide an der Hand und bilden eine Kette. Jeder weitere abgeschlagene Schüler kommt als neues Kettenmitglied dazu (vgl. Kettenfangen). Sobald eine Viererkette ein fünftes „Kettenglied“ abschlägt, rufen diese fünf Spieler laut „Rette sich wer kann!“. Bei diesem Ruf lösen sich alle Ketten auf und jeder versucht sich so schnell wie möglich auf einer Rettungsinsel (Kasten) in Sicherheit zu bringen. Auf jeder Rettungsinsel dürfen nur 5 Spieler stehen, die sich gegenseitig halten, damit keiner herunterfällt. Diejenigen Spieler, die keine Rettungsinsel rechtzeitig erreicht haben, werden die neuen Fänger. Ziel des Aufwärmspiels sind die physische und mentale Einstimmung auf die Belastungen der Hauptteile 1 und 2. Insbesondere fördert das Spiel Schnelligkeit, Reaktion und soziales Verhalten (Teamfähigkeit).

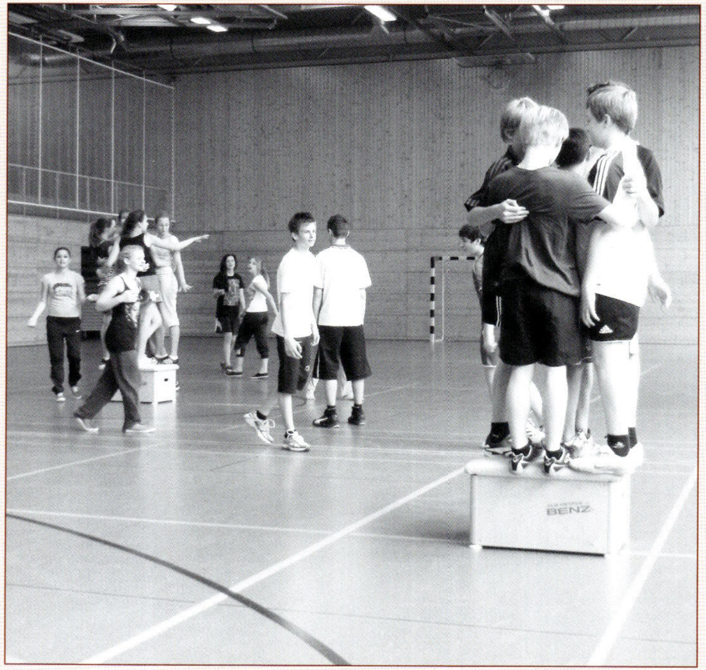

Bild 46: „Rettungsinsel“

Spiel- und / oder Übungsphase

Methodische Übungsreihe zum VH-Topspin gegen Schupfschläge

Übung 1 (vgl. Abb. 58)

1. Den Ball auf dem Hallenboden aufspringen lassen und mit der VH-Topspinbewegung auf die gegnerische Tischhälfte schlagen.
2. Der Übende steht auf der RH-Seite des Tisches seitlich neben dem Tisch, lässt den Ball zwei- bis dreimal aufspringen und spielt ihn mit der VH-Topspinbewegung zum Partner (diagonal). Dieser fängt den Ball auf und spielt genauso zurück.
3. Der Spieler lässt den Ball nur noch einmal auf der RH-Seite aufspringen und schlägt ihn diagonal zum Partner.
4. Der Übende schlägt den Ball mit VH-Topspin zum Partner (siehe oben), der mit dem RH-Block diagonal zurück spielt.
5. Die gleiche Übungsform wie 4., aber der Ballwechsel VH-Topspin gegen RH-Block wird ausgespielt.

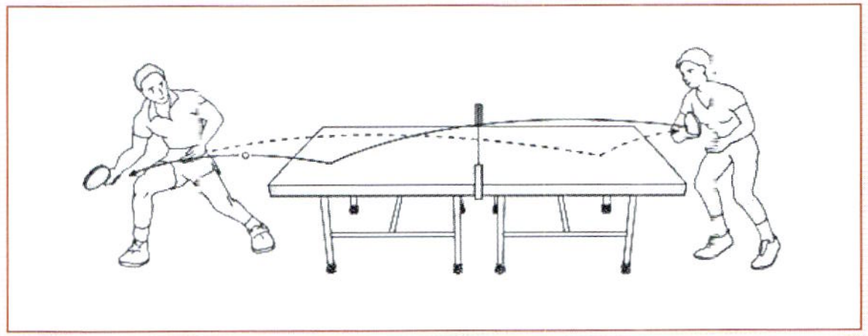

Abb. 58: Übung 1: VH-Topspin gegen Schupfschläge

23

Übung 2 (vgl. Abb. 59)

Übungsformen zum VH-Topspin mit Hilfe des Balleimertrainings. Eingespielt wird der Ball vom Zuspieler mit langem Unterschnitt (Rückwärts-Rotation).

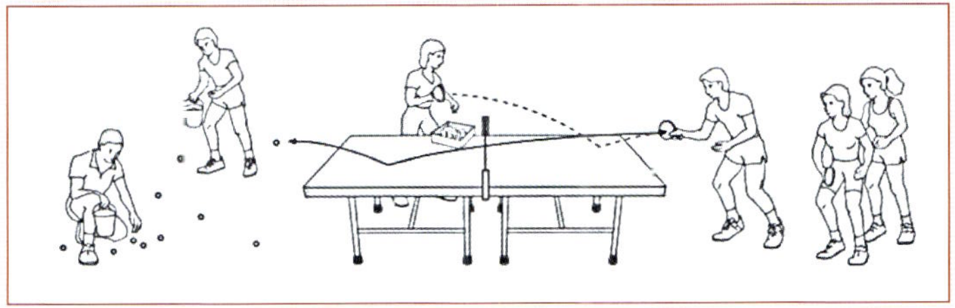

Abb. 59: Übung 2: Balleimertraining zum VH-Topspin gegen Schupfschläge

Übung 3 (vgl. Abb. 60–61)

- Die Schüler beginnen mit VH-Schupfschlag gegen VH-Schupfschlag diagonal aus der VH-Seite.
- Spieler A spielt nach 1-3 Ballwechseln VH-Topspin gegen den Schupfschlag.
- Spieler B blockt den Topspin mit der Vorhand diagonal.
- Spieler A spielt dann abwechselnd VH-Topspin „spät“ oder „früh“ geschlagen gegen Block weiter.

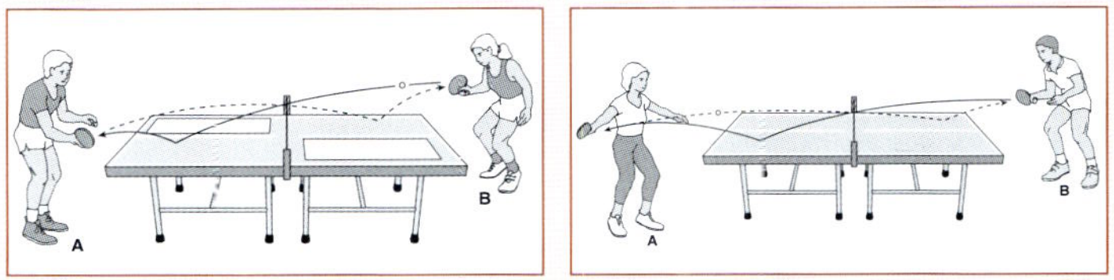

Abb. 60–61: Übung 3: VH-Topspin gegen Schupfschlag und Block

13/14

Stundenabschnitte und Unterrichtsinhalte	Organisatorische Hinweise

Spielphase

Spiel 1: *Tischtennis-Schachturnier* (vgl. Abb. 62)

Eine weitere Möglichkeit, die Spielfertigkeiten und Spielfähigkeit im Wettkampf zu ermitteln, ist die Turnierform „Jeder gegen Jeden“. In dieser Unterrichtseinheit wird auf eine besondere Form des „Jeder-gegen-Jeden“-Prinzips zurückgegriffen, das so genannte **„Tischtennis-Schachturnier“**. Hierbei werden nicht wie bei der Urform Sätze oder Spiele gezählt, sondern die Balldifferenz der einzelnen Sätze. Das führt dazu, dass jeder gespielte Ballwechsel wichtig ist und zählt. Denn das kann auch Niederlagen ausgleichen.

Varianten
- Spielturnier als Doppel-Wettkampf spielen lassen.
- Bei vielen Schülern und wenigen Tischen in Gruppen-Pools aufteilen.
- Nach Zeit spielen lassen.
- Einen Satz bis 11 spielen lassen.

TT-Schachturnier

Jeder gegen jeden

Nr.	Name	1	2	3	4	Punkte	Platz
1	Sebastian		11 : 8 +3	5 : 11 −6	13 : 11 +2	−1	III
2	Heike	8 : 11 −3		11 : 3 +8	11 : 9 +2	+7	I
3	Marius	11 : 5 +6	3 : 11 −8		7 : 11 −4	−6	IV
4	Tobias	11 : 13 −2	9 : 11 −2	11 : 7 +4		0	II

Abb. 62: TT-Schachturnier

Doppelstunde 9: Rotationsaufschläge („Trickaufschläge“) und Festigung der erlernten Spieltechniken in wettkampfnahen Spiel- und Übungsformen

Es sollen im Folgenden nicht alle Aufschlagvarianten aufgeführt werden, die im Tischtennis-Profisport möglich sind. Dies ist im Schulbereich nicht notwendig und vor allem nicht realisierbar. Erfahrungsgemäß wünschen jedoch viele Schüler Anleitung hinsichtlich des Erlernens von sogenannten „Rotations-/Trickaufschlägen“. Die Aufschläge sind für den Gegner hinsichtlich der unterschiedlichen Rotationen schwer antizipierbar und bringen durch ungenaue Rückgaben dem Aufschläger Vorteile bei den nachfolgenden Schlägen oder sogar direkte Punkterfolge.

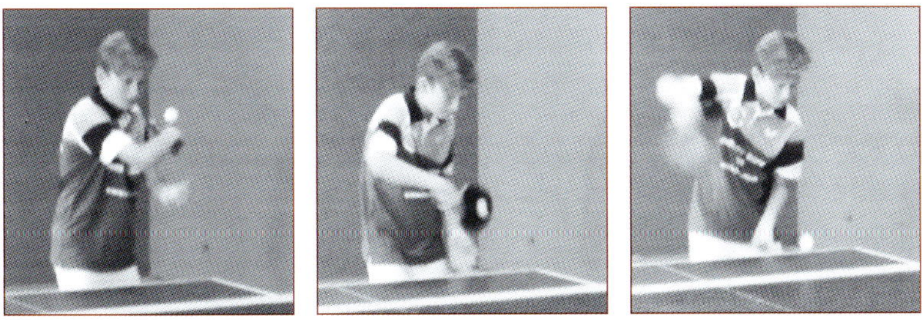

Vgl. Bilder 47–49: Rückhandaufschlag mit Seitenrotation (PDF-Datei)

Hinweis

Da bei dieser Art Ringbuchbindung lediglich eine max. Anzahl von 176 Seiten möglich ist, ist aus Platzgründen die Doppelstunde 9 als Download abgespeichert (siehe hintere innere Umschlagseite).

Doppelstunde 10: Vorhand- und Rückhand-Flip – Anwenden und Trainieren der Schlagtechniken

Die Flip-Schlagtechniken mit der Vorhand und Rückhand sind Schlagtechnikvarianten, um auf kurz gespielte Bälle des Gegners reagieren zu können. So kommen diese Schlagtechniken in der Regel gegen kurz gespielte Aufschläge (sowohl kurz gespielte Aufschläge mit Unterschnitt/Rückwärtsrotation oder Seitenrotation) zum Einsatz.

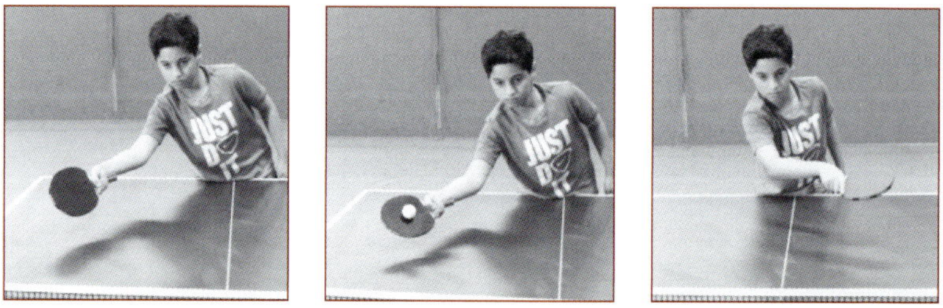

Vgl. Bilder 54–56: Vorhand-Flip (PDF-Datei)

Hinweis

Da bei dieser Art Ringbuchbindung lediglich eine max. Anzahl von 176 Seiten möglich ist, ist aus Platzgründen die Doppelstunde 10 als Download abgespeichert (siehe hintere innere Umschlagseite).

Doppelstunde 11: Vorhand-Schmetterschlag – Anwenden und Trainieren von Schlagtechniken

Mit dem Vorhand-Schmetterschlag soll abschließend eine Schlagtechnik erarbeitet werden, die in der Schule eher weniger spielrelevant ist. Auch im modernen „Profisport Tischtennis" wird eine Ballentscheidung viel mehr mit einem Topspin-Schlag gesucht, als mit einem Schmetterschlag. Anwendung findet der VH-Schmetterschlag bei hoch zugespielten Bällen des Gegners, die der Gegner mehr aus „Verlegenheit" oder „aus der Not" heraus spielt, weil er einen Ball nicht mehr rechtzeitig reagieren bzw. erreichen kann.

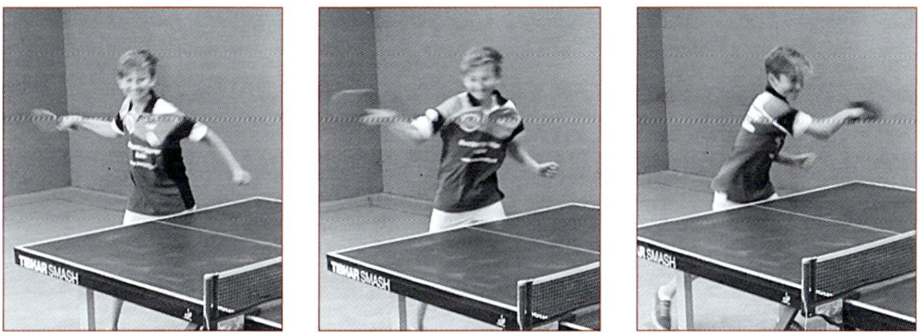

Vgl. Bilder 61–63: Vorhand-Schmetterschlag (PDF-Datei)

Hinweis

Da bei dieser Art Ringbuchbindung lediglich eine max. Anzahl von 176 Seiten möglich ist, ist aus Platzgründen die Doppelstunde 11 als Download abgespeichert (siehe hintere innere Umschlagseite).

Videoverzeichnis

01	a) Schläger- und Ballgewöhnung b) Schläger- und Ballgewöhnung
02	Tippen des Balles
03	a) Transportieren des Balles b) Linienlauf
04	a) Eckenspiel b) Eckenspiel
05	TT-Squash
06	a) TT-Tennis b) TT-Tennis-Rundlauf
07	VH-Konterschlag
08	Balleimertraining
09	Zuspiel des Balles aus dem Gymnastikreifen
10	Rundlauf
11	a) RH-Konterschlag b) RH-Konterschlag
12	VH-Topspin
13	RH-Block
14	VH-Block
15	a) RH-Topspin b) RH-Topspin
16	a) Frisbee zum RH-Topspin b) Frisbee zum RH-Topspin
17	a) Ultimate-Frisbee b) Ultimate-Frisbee
18	RH-Schupfschlag
19	VH-Schupfschlag
20	a) VH-RH regelmäßig-kombinierte ÜF b) VH-RH regelmäßig-kombinierte ÜF
21	VH-Beinarbeit
22	VH-RH unregelmäßig-wettkampfnahe ÜF
23	VH-Topspin gegen Unterschnitt
24	RH-Aufschlag mit Seitenrotation
25	VH-Aufschlag mit Seitenrotation
26	VH-Flip
27	RH-Flip
28	Brückenfangen
29	VH-Schmetterschlag
30	Kettenfangen

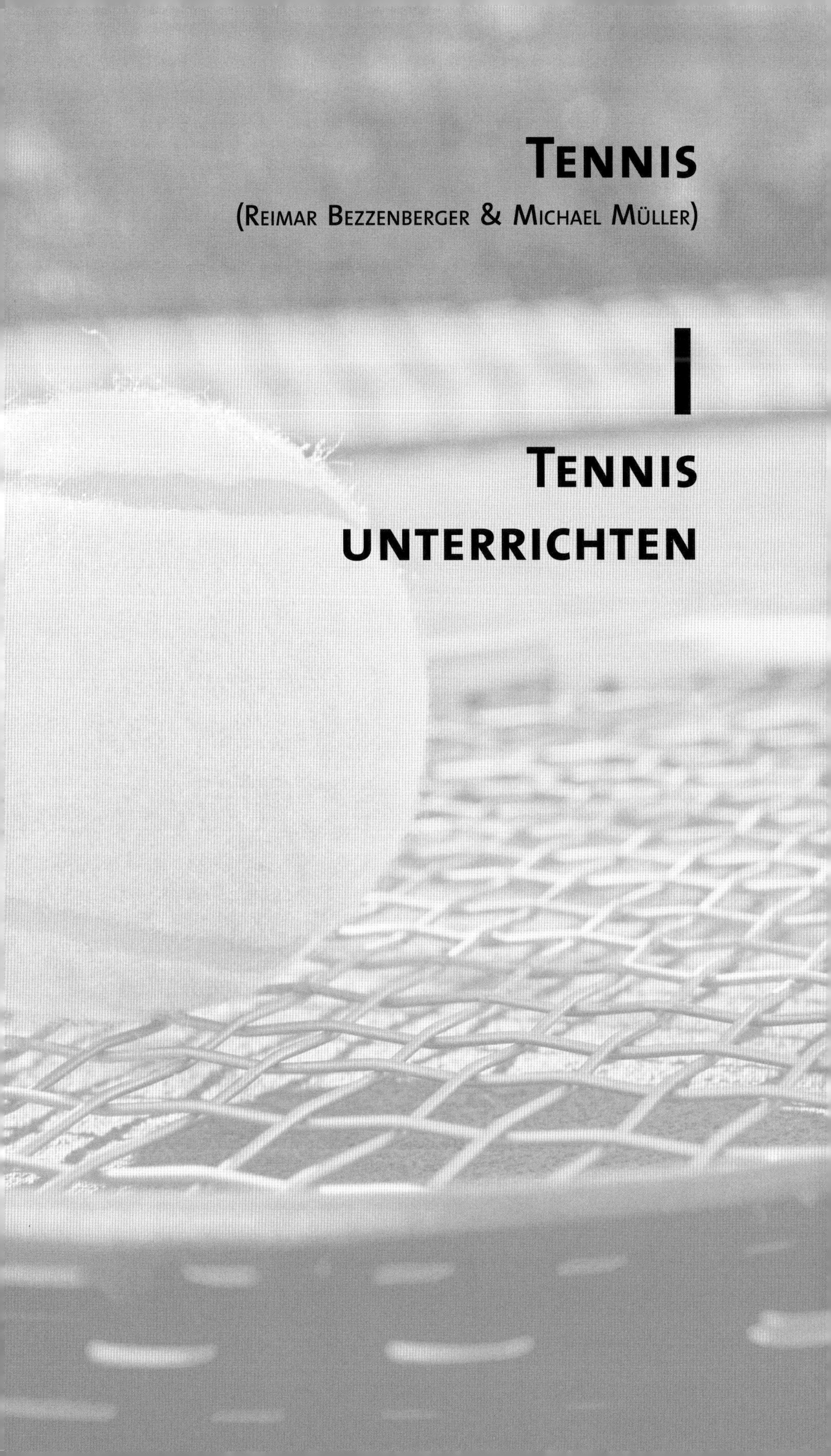

Tennis

(Reimar Bezzenberger & Michael Müller)

I

Tennis unterrichten

Wie man Tennis im Sportunterricht einführt

Tennis ist eine sehr komplexe Sportart, für die eine ganze Reihe von Voraussetzungen (Technik, Taktik, Koordination, Kondition, Konstitution) von Bedeutung sind. Die isolierte Schulung dieser Kernvoraussetzungen nützt jedoch relativ wenig. Denn ein guter Läufer ist noch lange kein guter Tennisspieler. Ein technisch versierter Spieler kann seine Fähigkeiten nur dann optimal zu Geltung bringen, wenn er über die entsprechende körperlichen Voraussetzungen verfügt. Spielfähig ist derjenige, der die einzelnen Komponenten optimal miteinander verbindet, so dass die Aufgaben im Spiel bestmöglich gelöst werden.

Neben den genannten Leistungsfaktoren spielen kognitive, motivationale und soziale Aspekte eine entscheidende Rolle. Das kognitive Vermögen eines Spielers lässt sich daran erkennen, wie er Spiel-

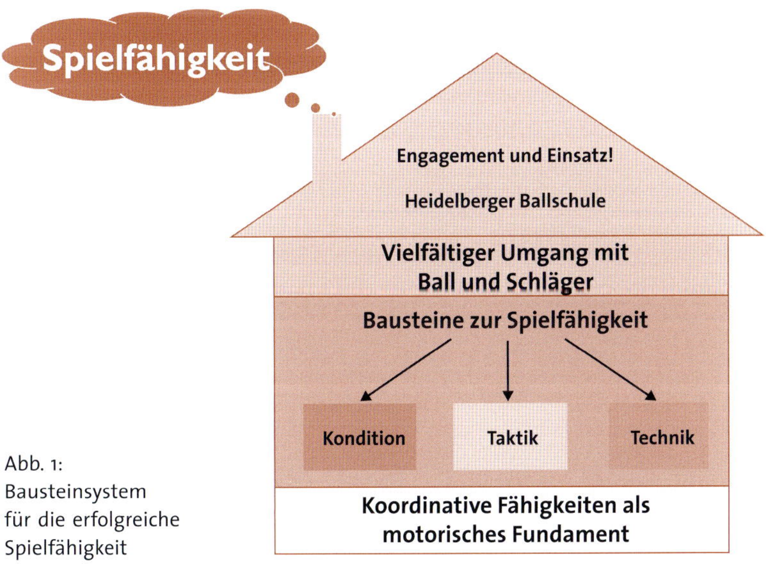

Abb. 1: Bausteinsystem für die erfolgreiche Spielfähigkeit

situationen wahrnimmt (Antizipation) und aus den daraus gewonnenen Informationen die richtige Lösung ableitet. Dazu benötigt er ein hohes Konzentrationsvermögen sowie Kreativität. Darüber hinaus besitzen soziale Kompetenzen innerhalb einer Trainingsgruppe oder Mannschaft große Bedeutung. Dazu zählen die motivationalen Kompetenz-Bausteine Leistungs- und Lernbereitschaft.

Die Spielfähigkeit ist ein „Gebäude“, das aus all diesen Einflussfaktoren (Bausteinen) besteht. Die nachhaltige Verbesserung der Spielfähigkeit hat das Ziel, die jeweiligen Einzelkomponenten so miteinander zu verzahnen, dass die Aufgaben im Spiel oder Training optimal gelöst werden können. Dies entspricht dem Ansatz, Tennis komplex zu schulen. Die ganzheitliche Ausbildung schließt ein isoliertes Trainieren einzelner Komponenten nicht aus. Die Spieler müssen lernen, all ihre Fähigkeiten im Spiel bestmöglich einzusetzen. Die Schulung des Spielens darf dabei jedoch nie zu kurz kommen.

Seit vielen Jahren wird eine rege Diskussion um die Vermittlung von Tennis in der Schule geführt, bei der die Frage im Mittelpunkt steht: „Wie führt man Tennis mit Großgruppen ein?“ Wer in der Schule oder im Verein die Aufgabe hat, Tennis Spielanfängern zu vermitteln, wird sich zunächst Gedanken machen müssen, wie er die Schüler möglichst schnell für das Tennisspiel begeistern kann. Dabei gilt es, Spielsituationen, die Kinder technisch überfordern, möglichst auszuschalten. Hierzu sind didaktische Strategien zur Vereinfachung dringend notwendig. Diese Strategien zum Erlernen der Sportart Tennis sollen helfen, ein effektives Miteinanderspielen (Interaktion) zu ermöglichen. Die Fähigkeit, die Anzahl der eigenen Fehler im Spiel zu reduzieren, ist ein deutliches Merkmal, das weit über den Anfängerbereich hinaus die Spielstärke und -fähigkeit definiert. Ein Anfänger dagegen ist nicht in der Lage, seine sportlichen Handlungen den ständig variierenden Spielsituationen im Tennisspiel sinnvoll anzupassen.

Um die Spielfähigkeit bei Kindern möglichst früh auszubilden, ist es hilfreich, die komplexen Tennistechniken zu vereinfachen und hinführende Spielformen vorzuschalten. Auf diese Weise soll das Tennisspiel auf bedeutsame Abschnitte (Hauptaktionen) reduziert werden, um die Schüler zunächst für das Miteinanderspielen zu begeistern. Viele Trainer und Lehrer stellen sich die Frage, auf welche Art und Weise man Kinder didaktisch und methodisch sinnvoll an die bewegungskomplexe Sportart Tennis heranführen kann. Oftmals ist in der Praxis zu beobachten, dass Lehrer und Trainer die Kinder von der ersten Trainingseinheit an koordinativ und vor allem technisch überfordern. Die Auswahl unpassender Übungsformen sowie die noch nicht optimal ausgeprägte Wahrnehmungsfähigkeit des Schülers bilden die größten Lernprobleme und erschweren den Weg zur Spielfähigkeit.

Die methodischen Lernwege müssen sich daran messen lassen, inwieweit das gemeinsame Interagieren – miteinander Spielen – frühzeitig umgesetzt wird, so dass Anfänger Tennisspielen mit Spaß und hoher Motivation am Spiel erleben können. Vorrangiges Ziel muss sein, dass die Kinder ohne Fremdanleitung gemeinsam Tennis spielen. Kinder brauchen von der ersten Trainingsstunde an Erfolgserlebnisse. Einen kleinen Tennisball zielgenau in ein Feld oder auf eine Markierung zu schlagen, ist für Kinder im Grundschulalter nahezu unmöglich. Dazu kommt das ungewohnte Spielgerät „Tennisschläger". Trainern und Lehrern kommt daher die wichtige Aufgabe zu, den Schülern das Tennis in einer lernfördernden und motivierenden Weise näher zu bringen. Es muss deutlich werden, dass innerhalb dieses Lernabschnittes jeder Schüler die Gelegenheit erhält, sein Handlungsziel mit dem tatsächlichen Resultat zu vergleichen. Von Beginn an muss der gemeinsame Ballwechsel – das gemeinsame Spiel – im Vordergrund stehen. Die vorgegebenen Übungsformen sind grundsätzliche als Interaktion zwischen den Schülern anzusehen und beinhalten das krea(k) tive Lösen vielfältiger Spielaufgaben. Dies fördert die individuelle Spielfähigkeit nachhaltig. Das bedeutet im Umkehrschluss, dass sich Spielfähigkeit nur dann entwickelt, wenn im Unterricht von Anfang an vielfältige Übungs- und Spielformen angeboten werden. Der antiquierte Kolonnenunterricht sollte beim spielerischen Einstieg in die Sportart Tennis nicht mehr eingesetzt werden.

Über spielerische Übungsformen wird die Schlagsicherheit aufgebaut, die in den nachfolgenden Schritten mit der Schlaggenauigkeit verbunden wird. So kann das Spielziel beispielsweise darin bestehen, den Ball möglichst lange im Spiel zu halten oder in einer vorgegebenen Zeiteinheit möglichst häufig ein vorgegebenes Zielfeld zu treffen. Dieses Konzept, das auf einer selbstständigen Auseinandersetzung der Schüler mit dem Tennisspiel basiert, ermöglicht es den Kindern, mit unterschiedlichen Schlaggeräten und Bällen Erfahr ungen zu sammeln. Die zentrale Aufgabe des Lehrers ist das Schaffen von Spielsituationen, die die Schüler koordinativ und technisch nicht überfordern und gleichzeitig das Erproben unterschiedlicher Lösungsmöglichkeiten zulassen.

Die Vorteile dieser hinführenden Methodik im Klassenverband (Großgruppe) sind sehr vielfältig. Zudem sind die Stundeninhalte durch die große Anzahl an Kindern wesentlich spielorientierter.

Weiterhin werden gruppendynamische Prozesse sowie das Sozialverhalten der Teilnehmer geschult.

Durch das vermehrte Spielen bestehen umfangreiche Möglichkeiten für eine motivierende und abwechslungsreiche Unterrichtsgestaltung. Das Baukastensystem der „Heidelberger Ballschule“ sollte auf jeden Fall als Basis mit genutzt werden.

Es ist zu beachten, dass beim Großgruppentraining ein höherer Organisationsbedarf von Seiten der Unterrichtenden erfüllt werden muss. Hier gilt das Motto „Übung macht den Meister“; mit fortlaufender Erfahrung minimiert sich dann der Aufwand. Ausgediente Trainingsformen wie das Kolonnentraining sollen schnellsten aus dem Methodenspektrum des Lehrers und Trainers verschwinden. Denn dieser fungiert heute beim Großgruppentraining als Begleiter und Moderator. Voraussetzung dafür ist das pädagogische Geschick im Umgang mit Schülern.

Es ist möglich, mehr als 20 Kinder parallel in einer Schulsporthalle oder auch auf einem Tennisplatz sinnvoll zu beschäftigen. Dabei sollte man folgende Punkte berücksichtigen:

- Nutzung der gesamten Schulsporthallenfläche.
- Nutzung der vorhandenen Geräte der Sporthalle unter Einbeziehung verschiedener Schlaggeräte, Bälle und Ziele.
- Regelanpassungen durch Reduktion des Zeitdrucks beim Spielen – der Ball darf zweimal springen, der Ball darf mit dem Schläger gestoppt werden.
- Das Spielen – nicht das Erlernen der Technik – steht im Vordergrund.

Tennis ... ist einfach! ... mit der richtigen Lehrmethode

Zur erfolgreichem Umsetzung von Tennis in der Schule ist eine kinderfreundliche Methodik unabdingbar. Das vorrangige Ziel innerhalb dieser Altersgruppe besteht in der Vermittlung von Spielfreude, Spaß an der Bewegung und vor allem Erfolgserlebnissen. Charakteristisch für Kinder im Vor- und Grundschulalter ist ihr ausgeprägter Bewegungs- und Spieldrang. Darüber hinaus verfügen viele Kinder über eine natürliche Neugier für Unbekanntes sowie über eine hohe Lernbereitschaft.

Methodische Besonderheiten der Sportspielvermittlung

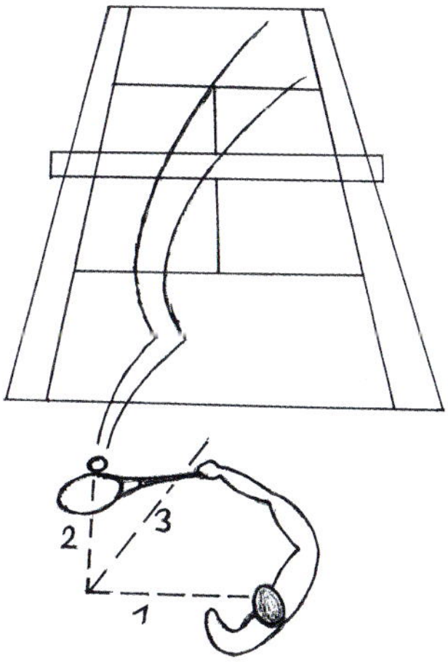

Abb. 2: Ballberechnung als das entscheidende Kriterium für Spielanfänger

Aufgrund ihres motorischen Entwicklungsstandes sind Kinder mit den vielfältigen und komplexen Anforderungen des Tennisspiels deutlich überfordert.

Was macht Tennislernen für Kinder so schwierig?
Die Hauptschwierigkeit besteht im Timing, d. h. in der zeitlichen Anpassung an den viel zu kleinen und viel zu schnell fliegenden und springenden Ball.

Während der ersten Flugkurve des Balles müssen die Kinder dessen Aufsprung, die zweite Flugkurve und den voraussichtlichen Ball-Treffpunkt „berechnen", sich optimal positionieren und die Ausholbewegung mit dem Schläger durchführen.

Die meisten Spielanfänger sind mit diesen komplexen Bewegungsabläufen eindeutig überfordert. Je mehr Informationen Anfänger während des Spiels verarbeiten müssen, umso mehr Zeit benötigen sie für die spätere Lösung. Die Fehleranzahl steigt dabei deutlich an.

Aus diesem Grund ist es erforderlich, einen entwicklungsgemäßen Vermittlungsweg der Sportart Tennis zu finden und umzusetzen. Kinder benötigen zur Unterstützung ihrer körperlichen Entwicklung immer wieder abwechslungsreiche und motivierende Bewegungsangebote. Diese sollen möglichst kreativ und variabel sein sowie Kombinationen von Lauf-, Sprung-, Wurf- sowie Fangformen beinhalten.

Der Lehrer oder Trainer muss bei der Spielvermittlung unbedingt darauf achten, dass für die Kinder räumliche und zeitliche Bewegungsfreiräume geschaffen werden. Die Zielvorgabe lautet dabei immer wieder, vielfältige Bewegungserfahrungen zu sammeln und spielerisch sowie non-direktiv Spaß am Spielen erspüren zu können. Vereinfachte Spielregeln sollen einen flexiblen, jederzeit an die räumlichen Gegebenheiten anpassbaren Rahmen vorgeben. Der Fair-play-Gedanke soll von der ersten Stunde an vermittelt werden.

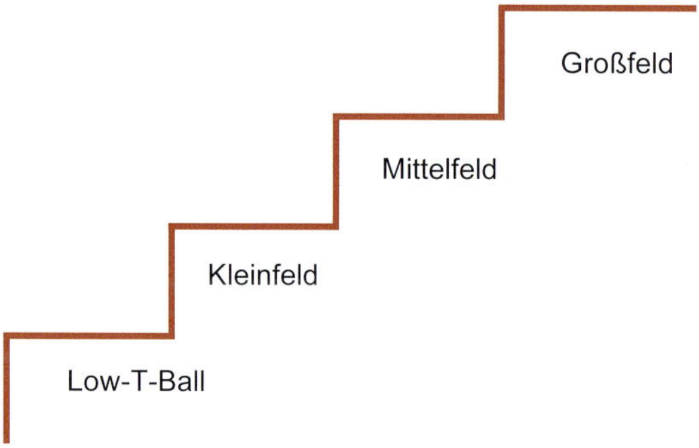

Abb. 3: Methodische Leiter für ein kinderfreundliches Training

Um die bewegungskomplexe Sportart Tennis bei Kindern spielerisch auszubilden, eignet sich das Konzept der „Heidelberger Ballschule" hervorragend. Hier werden die koordinativen Fähigkeiten sowie die Spielfähigkeit mit unterschiedlichen Materialien (Bälle, Schläger ...) entwickelt, die als Basis für das Zielspiel Tennis gelten. In einer weiteren Ausbildungsstufe sollen anschließend Spielformen „Hin zu Ball und Schläger" Priorität erhalten. Dazu empfiehlt es sich über den „Ballkorbrand" hinauszublicken und Elemente anderer Ballsportarten (Handball, Hockey, Fußball...) in das Trainingsprogramm zu integrieren.

„Spielen lernt man nur durch spielen"

Es ist immer wieder zu beobachten, dass Trainer ihren Schülern von der einen Platzhälfte auf die andere monoton Bälle zuspielen, die diese dann meist ohne Ziel zurückschlagen sollen. So darf auf keinen Fall eine ganze Trainingseinheit aussehen! Denn hier fehlen die nachgewiesene Praxistauglichkeit und der Spaß. Tennisspielen ist wesentlich komplexer und bringt dabei viel Freude am Spiel. Das regelmäßige Einüben der Bewegungsabläufe der Tennistechniken hat zwar seine Berechtigung, dies darf jedoch nie zum Selbstzweck werden.

Tennis ist eine Sportart, für die eine ganze Reihe von Voraussetzungen (Technik, Taktik, Koordination, Kondition, Spielerpersönlichkeit) von Bedeutung sind. Die isolierte Ausbildung dieser Basisvoraussetzungen nutzt vergleichsweise wenig. Geschicklichkeit und Krea(k)tivität gekoppelt mit einer guten Technik haben die Aufgabe, das Spektrum der spielerischen Lösungsmöglichkeiten nachhaltig zu erweitern, so dass es gelingt, schwierige Spielsituationen zu meistern. Aus diesem Grund ist jedes „Techniktraining" immer mit Spielsituationen zu kombinieren. Im Kindertennis muss dabei das komplexe Zielspiel im Großfeld durch die Verkleinerung des Spielfeldes sowie durch Vereinfachungen der Regeln und des technischen Anspruchs gegliedert werden. Die Spielsituationen sind dabei für den Schüler überschaubarer und das Lernen durch Spielen fällt dadurch wesentlich leichter. Durch die gezielte Anwendung von Methodikbausteinen und die Reduktion der technischen Anforderungen ergeben sich deutliche Lernvorteile. Ausgehend von dem nachfolgend vorgestellten Raster können die inhaltlichen Schwerpunkte festgelegt und die Bausteine methodisch sinnvoll miteinander gekoppelt werden.

Tab. 1: Stundenplanung mit Hilfe methodischer Bausteine

Ball- und Bewegungsgeschicklichkeit	**Grobform der Techniken entwickeln** **Hauptteil**		**Freude am Spiel, Spieldrang ausleben**
Einstimmung Aufwärmen	**Basis-Spielform (Kern)**	**Basis-Spielform (Variation)**	**Schlußteil**
• Motivierender Stundenbeginn • Schulung der Krea(k)tivität • Inhalte auf den Trainings-schwerpunkt abstimmen • Keine monotonen Abläufe	• Spielformen mit reduziertem technischen Anspruch • Spieltypische Abläufe im Einzel und Doppel • Üben und Anwenden der Techniken in unterschiedlichen Spielformen.	• Viele Spielaktionen für alle Schüler – kein Kolonnentraining. • Auf überschaubaren und altersgerechten Spielfeldern spielen. • Systematische Erhöhung der Anforderungen (Spielfeldgröße, Balltyp, Sonderregeln …)	• Abschlussspiel • Motivierende Wettkämpfe oder Turniere möglichst ohne Korrekturen • Anwenden der Stundeninhalte im Einzel und Doppel

Die nachhaltige Verbesserung der Spielfähigkeit hat das Ziel, sämtliche Einzelkomponenten so miteinander zu verzahnen, dass die Aufgaben im Spiel oder Training optimal gelöst werden können. Dies entspricht dem Ansatz, Tennis komplex zu schulen. Die ganzheitliche Ausbildung schließt das isolierte Trainieren einzelner Komponenten nicht aus. Die Spieler müssen lernen, all ihre Fähigkeiten im Spiel bestmöglich einzusetzen. Die Schulung des Spielens darf dabei nie zu kurz kommen.

„Spielend Tennis lernen“ lautet die Devise. Mit einem spielorientierten Einstieg lässt es sich problemlos realisieren, auch mit Großgruppen (Klassenverband) Tennis zu erlernen und zu erleben. Dies bedeutet, dass alle Schüler von Anfang an viel gemeinsam spielen. Es müssen zu Beginn einfache und wenig komplexe Spiele realisiert werden, die aufeinander aufbauen und sich langsam im Schwierigkeitsgrad steigern. Die vorgegebenen Übungsformen nutzen Spielfeldverkleinerungen, unterschiedliche Schlaggeräte (Speckbrett, Frisbee-Scheibe ...) und Bälle (Wasserball, Punch ’n Play Ball, Luftballon, Methodikball ...) sowie unterschiedliche Zielzonen. Spielreihen mit verkleinerten Spielfeldern und das Nutzen unterschiedlicher Bälle haben das Ziel, die Kinder interaktiv spielen zu lassen bis hin zu kleineren Wettkämpfen.

Für das Gelingen eines spielerisch strukturierten Unterrichtskonzeptes kommt der Vereinfachung des Tennisspiels eine Schlüsselrolle zu. Diese ist so zu organisieren, dass das Miteinanderspielen für Anfänger realisiert wird und gleichzeitig die Spielidee des Tennis erhalten bleibt. Hierzu zählen elementare Aspekte wie Ballkontrolle, Positionieren und Winkelsteuern. Diese Elemente werden gekoppelt mit den spielerischen Aspekten Sicherheit (Ball im Spiel halten), Genauigkeit (auf Ziele spielen) und Geschwindigkeit.

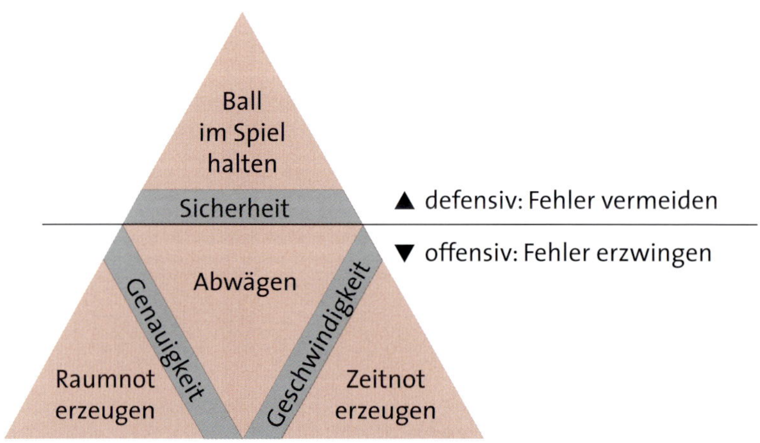

Abb. 4: Das magische Dreieck des miteinander Spielens

Tennis in der Schule – funktioniert das?

Viele Trainer und Lehrer sind der Meinung, dass es nicht möglicht ist, mit einer ganzen Schulklasse Tennis zu spielen. Die einfache Antwort lautet „doch, es ist möglich" und so kann es funktionieren: Mit den in einer Schulsporthalle vorhandenen Materialien (Bänke, Kästen, Reifen, Tischtennisbanden ...) lassen sich abwechslungsreiche Spielstationen aufbauen, die es den Schülern sofort ermöglichen, miteinander auf unterschiedliche Art und Weise zu interagieren. Wichtig ist dabei, dass jeder Schüler ein Schlaggerät hat und genügend unterschiedliche Spielbälle vorhanden sind. Das Ziel muss sein, dass alle Schüler gleichzeitig und spielerisch die Sportart Tennis erleben. Je vielseitiger und abwechslungsreicher Tennis angeboten wird, desto höher ist die Motivation und Begeisterung bei den Schülern. Diese brauchen bei jeder Übungs- und Spielform Erfolgserlebnisse.

Neben Spielfeldverkleinerungen und niedrigen Netzhöhen (Turnbank), die im Sportunterricht aufgrund der räumlichen Bedingungen notwendig werden, müssen Vereinfachungsstrategien angewendet werden. Zusätzlich zur Verwendung kindgerechter Schläger bietet sich der Einsatz des „Speckbrettes" an, um die Schlaghand näher an die Schlagfläche heranzuführen.

Als sinnvolle Regeländerung empfiehlt es sich, den Ball vor dem Zurückschlagen mit Hilfe eines Kontrollschlages zu stoppen. Diese Maßnahme reduziert den Zeitdruck des Schülers und erleichtert die Ballontrolle. Darüber hinaus ergibt sich durch den Kontrollschlag eine Verdoppelung der Ballkontakte mit dem Schläger; durch das Abstoppen des Balles wird das Ballgefühl nachhaltig gefördert. Weiterhin sollten großvolumige Bälle *(Punch'n play-Ball)* verwendet werden, die eine längere Flugphase sowie ein langsames und flacheres Absprungverhalten haben. Dies reduziert ebenfalls den Zeitdruck und ermöglicht günstige – niedrige – Balltreffpunkte.

Durch diese Vereinfachungsstrategien bleibt die Spielidee im Kern erhalten und die Schüler erleben das tennisspezifische Spielerlebnis.

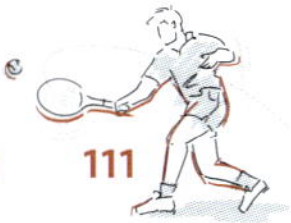

Tab. 2: Sinnvolle Vereinfachungsmaßnahmen

materielle Veränderungen	Griffhaltung		
	Seitlicher Griff	Kurzgriff	Langgriff
	Steigender Schwierigkeitsgrad		

Regel-veränderung	Kontrollschlag		
	vor jeder Schlag-ausführung	nur in schwierigen Spielsituationen	ohne Kontroll-schlag
	Steigender Schwierigkeitsgrad		

Veränderung der Ballmaterialien	Bälle		
	Overball, Punch'n play ball, Wasserball	Schaumstoffball	Methodikbälle der Play+Stay Stufen rot, orange, grün
	Steigender Schwierigkeitsgrad		

Mit Hilfe der dargestellten Vereinfachungsmaßnahmen erhöht sich die Wahrscheinlichkeit für die Realisierung von Ballwechseln, weil die technischen Anforderungen zur Bewältigung der unterschiedlichen Spielsituationen für die Schüler erleichtert werden.

Die gestellten Bewegungsaufgaben sollen für die Schüler lösbar sein. Es gilt der pädagogische Grundsatz: „Vom Leichten zum Schweren". Die Lösungsstrategien sollten durch den Lehrer mit viel Aufmerksamkeit verfolgt werden. Lobende Worte unterstützen den Weg zum Erfolg und sorgen bei den Übenden für nachhaltige Motivation. Wichtige Bestandteile für ein kindgerechtes Training sind die eingesetzten methodischen Hilfsmittel. Als ideale Hilfen eignen sich für Tennis in der Schule: Verschiedene Schläger- und Ballarten, Hütchen, Reifen, Seile, Dosen und Slalomstangen. Spielen mit Alltagsgegenständen ist für manche Kinder neuartig und vielseitig. Durch den Einsatz vielfältiger, alltäglicher Hilfsmittel lassen sich Kinder schnell begeistern, und die Motivation weiterhin Tennis zu spielen, wird erhöht.

Als Netzersatz eignen sich Tischtennisbanden, auf Turnkästen gestellten Turnbänke, Baustellenband oder zwischen Badmintonständern befestigte Zauberschnüre. An der Zauberschnur können mit Wäscheklammern Zeitungen angebracht werden. Diese erleichtern es, während dem Spielen zu erkennen, ob der Ball über oder unter der Schnur geflogen ist. Als Zielzonen eignen sich Zeitungen, Gymnastikreifen oder mit Malerkrepp am Boden markierte Treffflächen.

Hinweise zur Umsetzung

Es bedarf einer kinderfreundlichen Methodik bei der Vermittlung von Tennis in der Schule.

- Heidelberger Ballschule: Einstieg in die Schulung der Spielfähigkeit in Kombination mit der Schulung koordinativer Fähigkeiten
- Hin zu Ball und Schläger
- Begeisterung und Engagement der Lehrer

Die vorgestellten methodischen Lernstufen lassen sich problemlos auch in kleinen Sporthallen durchführen. Der Schulhof eignet sich ebenfalls als „Spielplatz", um Schülern die Faszination des Tennisspiels näher zu bringen.

Sind die vorgestellten Vereinfachungsmaßnahmen im Sportunterricht angewendet worden und die Kinder in der Lage, Ballwechsel miteinander zu spielen, kann innerhalb der Lernreihe auch das Gegeneinanderspielen mit unterschiedlichen Wettkampfformen eingeführt werden. In der Praxis ist allerdings zu beachten, dass die Schüler dann in der Regel risikobewusster spielen und es vermehrt zu Fehlern kommt. Die Anzahl der Ballwechsel im Wettkampf wird sich dadurch deutlich verringern.

Tennis

(Reimar Bezzenberger & Michael Müller)

II

Drei Doppelstunden für die Klassen 5 und 6 „Tennis rot“

Der Einstieg: Tennis „rot“

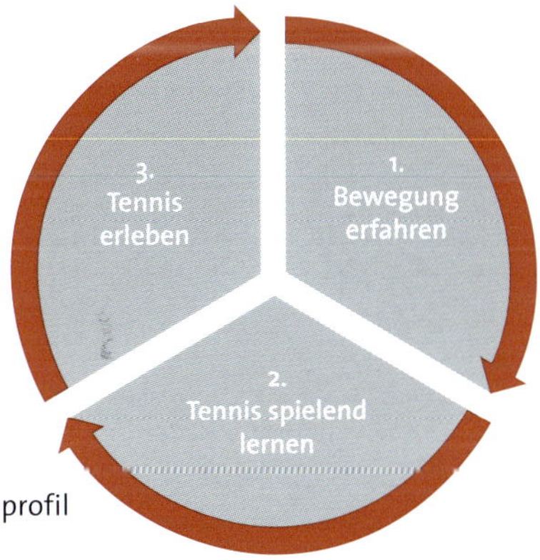

Abb. 5: Anforderungsprofil für das Tennislernen

„Vielseitiges Spielen und Bewegen” ist die Basis für jede Sportstunde im Kindesalter im Verein und in der Schule. Diese bestehen aus motivierenden Bewegungsaufgaben, vielseitigen Wettbewerben und Spielen in kleinen Teams mit einfachen Regeln.

Tab. 3: Überblick über die Inhalte der einzelnen Ausbildungsstufen

Inhalte für Schwerpunkt 1	Inhalte für Schwerpunkt 2	Inhalte für Schwerpunkt 3
• Laufen, Springen, Werfen	• Leichte, aber motivierende Aufgaben mit Ball und Schläger	• Variationen der Spielidee „Schlagen des Balles auf Ziele“
• Lauf- und Staffelspiele	• Umgang mit unterschiedlichen Bällen	• Verschiedene Zielspiele (Matten, Kästen etc.)
• Aufgaben mit, auf und an Hallengeräten	• Schlagen des ruhenden und rollenden Balles auf Ziele	• Tennisspielen in der ganzen Halle – in kleinen Teams parallel in verschiedenen Teilen der Halle
• Vielseitige Aufgaben mit dem rollenden und springenden Ball	• Kleine Wettbewerbe	
• Kleine Ballspiele		

Die Begeisterung und Motivation der Kinder für ein vielseitiges Bewegungsspektrum ist die beste Basis für das spielerische, schrittweise Kennenlernen des Tennissports. Das motivierende und abwechslungsreiche Tennisspielen im Sportunterricht wirkt sich positiv auf die ganzheitliche Persönlichkeitsentwicklung der Kinder aus:

- Tennis fördert mit seinen vielseitigen konditionellen und koordinativen Bewegungsanforderungen nachhaltig die Gesundheit.
- Die einfachen Spielaufgaben erleichtern es Spielanfängern, schnell Erfolgserlebnisse zu sammeln.
- Das Verarbeiten von Sieg oder Niederlage ist für jeden Einzelnen, aber auch für die Gruppe wichtig.
- Gruppenprozesse rund um das Spielen fördern das soziale Lernen.

Hilfreiche Tipps zur praktischen Umsetzung

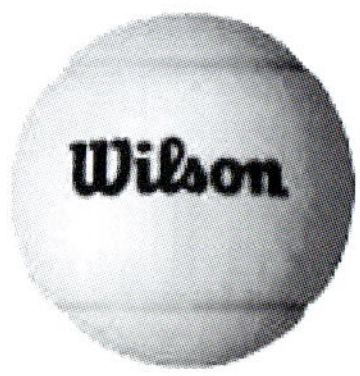

- Begeisterung für das Bewegen und Spielen der Schüler nachhaltig fördern!
- Einfache Bewegungsaufgaben interessant und abwechslungsreich „verpacken"!
- Vielseitige Aufgaben mit unterschiedlichen Ballmaterialien stellen!
- Aufgaben kindgemäß erklären – Abläufe möglichst an Beispielen vorstellen!
- Kleine Gruppen, viele Bewegungsaktivitäten und unterschiedliche Spielaktionen schaffen!
- Auf einfache Regeln achten, die das Mit- und Gegeneinanderspielen erleichtern, damit es sofort zur Interaktion kommt!
- Tennis-Grundelemente in kleinen Schritten vermitteln!
- Aufgaben dem individuellen Kenntnisstand der Schüler anpassen!
- Nur dann in das freie Spiel eingreifen, wenn es unbedingt erforderlich ist!

> **„Man kann in Kinder nichts hineinprügeln, aber vieles herausstreicheln."**
> **Astrid Lindgren**
> **Schriftstellerin**

Auge-Hand-Koordination

Die zielgerichtete Schulung des Tennisspiels ist durch die systematische Ausbildung des spieltaktischen Denkens und Handelns mit Hilfe kleiner Spiele sowie spielerischen koordinativen Elementen möglich, ohne das Spielerlebnis zu stören.

Charakteristisch für das Tennisspiel ist die sehr große Bedingungsvarianz für das spielerische Handeln. Es kommt zu ständigen Situationswechseln hinsichtlich der Ortsveränderungen des Balles, der Mit- und der Gegenspieler sowie des Spieltempos. Dies stellt höchste Anforderungen an die Informationsaufnahme, deren Verarbeitungsprozesse, Handlungsentscheidungen sowie die motorische Koordination. Um diese technischen Lösungsmöglichkeiten abrufen zu können, muss der Schüler über gut ausgeprägte koordinative Fähigkeiten verfügen.

Für das Tennisspiel ist die Auge-Hand Koordination besonders wichtig. Eine gut ausgebildete Koordination befähigt zur präzisen sowie schnellen motorischen Steuerung und erleichtert die Anpassung an unvorhersehbare Ereignisse. Da kein Ball wie der vorherige springt oder fliegt, ist eine stetige Anpassung und Umstellung von den Schülern gefordert. Zudem wird durch ein verbessertes Koordinationsniveau der Lernprozess neuer Bewegungsabläufe deutlich begünstigt.

Als Einstieg in das Spiel über das Netz (Bank) eignet sich die „rote" Lernstufe im Kleinfeld mit einer Netzhöhe von 80 Zentimetern, druckreduzierten sowie großvolumigen Bällen und kindgerechten Tennisschlägern.

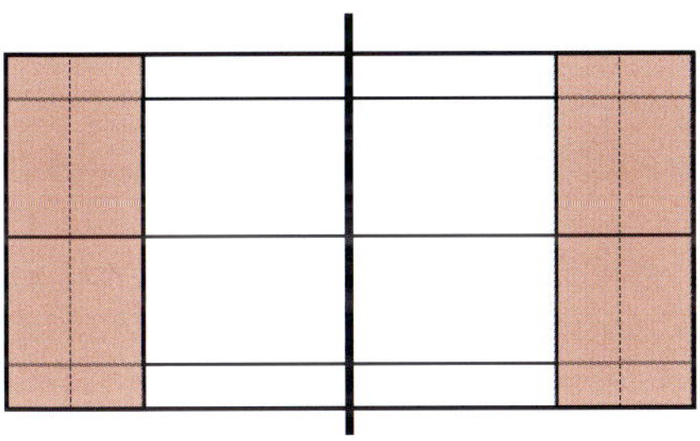

Abb. 6: Lernstufe „rot" im Kleinfeld (offizielle Platzgröße 10,97 m x 5,48 m) mit dem offiziellen Spielball und einem Durchmesser von acht Zentimetern

Die Lernstufe „rot" ist der erste von drei aufeinander aufbauenden lernmethodischen Schritten des internationalen Konzeptes „Play+Stay" des Tennisweltverbandes ITF. In der Grundlagenausbildung in der Schule sind andere Spielfeldmaße jederzeit möglich. Das Badmintonfeld ist eine gute und sinnvolle Alternative zum vorgegeben Standardmaß. Als Ballvariation eignen sich ebenfalls Schaumstoffbälle mit einem Durchmesser bis zu acht Zentimeter. Als Netzersatz können Turnbänke, Tischtennisbanden oder Bauband verwendet werden. Es ist nicht zwingend erforderlich, ein entsprechendes Kleinfeldnetz zu benutzen.

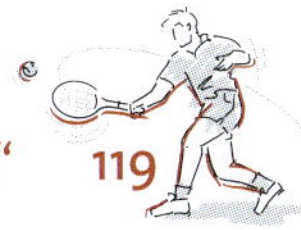

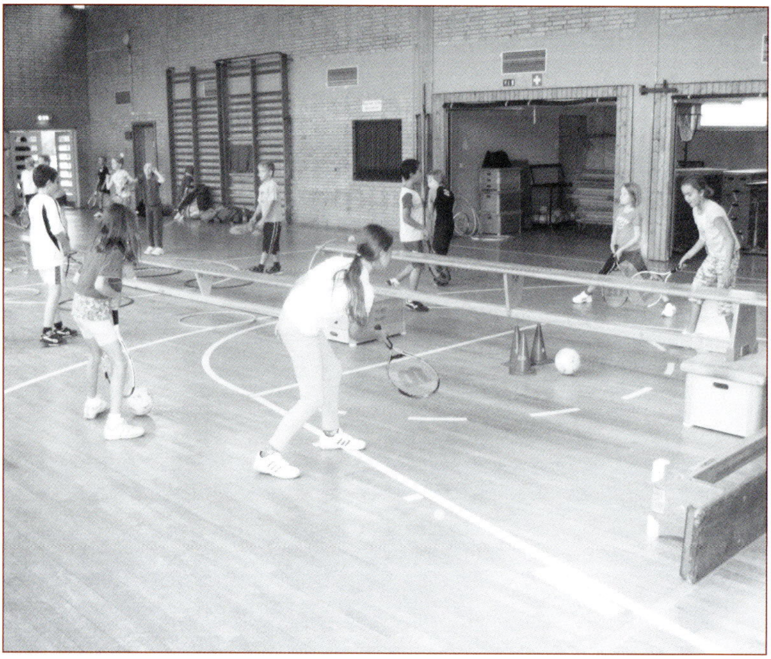

Abb. 7: Turnbank als Netzersatz für den Einsatz in der Schulsporthalle

Für das „rote" Spielfeld eignet sich die Tischtenniszählweise (Tie-break). Diese ist für Schüler wesentlich verständlicher, einprägsamer und leichter umsetzbar als die reguläre Tenniszählweise. Kinder wollen sich untereinander sportlich messen. Lehrer und Trainer sollen bei der Durchführung von kleinen Wettkämpfen darauf achten, dass diese als Teamwettbewerb durchgeführt werden. Das K.-o.-System als Turnierform darf in dieser Altersstufe noch nicht zu stark ausgeprägt sein. Wettbewerbe sollten ein fester Bestandteil in jeder Sportstunde sein. Dies können auch Wettbewerbe: „Wer wirft am häufigsten in ein Ziel?", „Wer schafft die meisten Ballwechsel?" oder „Wer kann die meisten Bälle sicher fangen?" sein.

Bei der nachfolgenden Übungsauswahl wurde darauf geachtet, dass alle Übungsformen auch mit Großgruppen in der Schulsporthalle durchgeführt werden können. Ziel ist, die Spielfähigkeit bei Kindern frühzeitig auszubilden. Die behandelten Stundenbeispiele bzw. einzelnen Übungs- und Spielformen sind prinzipiell in allen Sporthallen durchführbar. Bei Bedarf (z. B. sehr kleinen oder sehr großen Sporthallen) sind Anpassungen im Hinblick auf die Organisationsstruktur vorzunehmen, die die Übungs- bzw. Spielidee nicht wesentlich verändern.

Im Spielen richtig korrigieren

Eine Unsitte vieler Lehrer und Trainer ist es, beim Spielen sämtliche Aktionen zu kommentieren. Noch schlimmer ist, wenn Trainer versuchen Kinder wie „Marionetten“ zu reglementieren. Einige Übungsleiter haben taktische Konzepte im Kopf, die aus dem Erwachsenentennis stammen, jedoch nicht der Vorstellungswelt von Kindern entsprechen. Außerdem überfordert oftmaliges Korrigieren während des Spielens die Wahrnehmungs- und Informationsverarbeitung der Schüler.

Kinder benötigen Freiräume um ungestört spielen zu können. Nur so können sie Spielerfahrungen sammeln. Trainer sollen sich deshalb im Kindertennis bewusst zurücknehmen und die unten aufgeführten Grundprinzipien beachten. Optimal ist es, wenn es dem Trainer gelingt, so auf die Kinder einzuwirken, dass sich ihr Spielverhalten verbessert. Dies gelingt allerdings nicht immer sofort. In diesem Fall soll sich der Lehrende beim Beobachten des Spiels darauf konzentrieren, möglichst die Hauptfehler zu analysieren. Unterbricht er das Spiel um zu korrigieren, soll er nur den Hauptfehler ansprechen und effektive Lösungen aufzeigen.

	Richtig korrigieren
1	**Kindern Freiräume für kreatives Spielen lassen** Lasst die Kinder über einen längeren Zeitraum frei und ohne Vorgaben spielen. Gebt ihnen so die Möglichkeit, selbst Spielerfahrungen zu sammeln.
2	**Kinder aus „Fehlern“ lernen lassen** Kinder denken und handeln anders als Erwachsene. Sie machen aber keine Fehler, sondern sammeln wichtige Spielerfahrungen.
3	**Versuchen, durch Situationsvorgaben das Spielverhalten zu verändern** Beim Spielen nicht sofort alles korrigieren. Viel effektiver ist es, durch Veränderung von Situationsaufgaben das Spielverhalten der Kinder zu optimieren.
4	**Bei Korrektur-Unterbrechungen nur einen Fehler ansprechen** Versucht bei der Beobachtung von Schülern den „Hauptfehler“ herauszufinden. Sprecht bei der Korrektur nur dieses eine Problem an, damit die Kinder sich voll darauf konzentrieren können.
5	**Kinder selbst Lösungen finden lassen** Kinder sind keine Marionetten, die bei Spielen fortwährend von außen geführt werden. Bei Unterbrechungen zuerst die Kinder selbst Lösungen finden lassen.

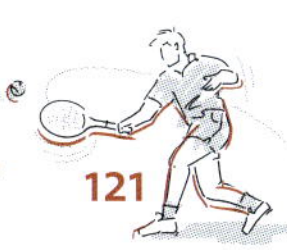

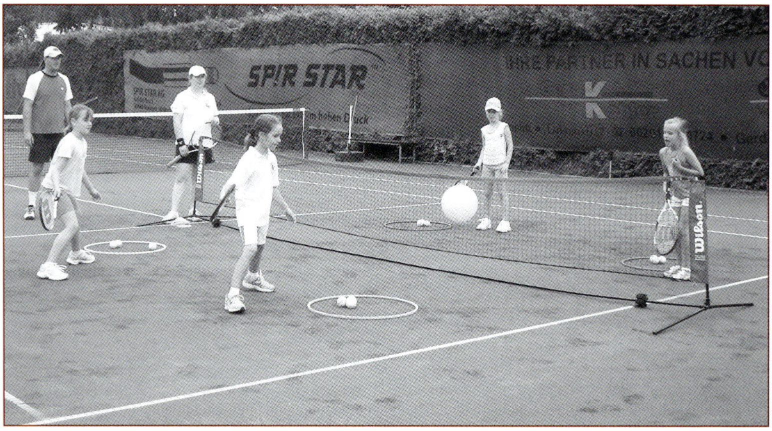

Abb. 8: Spiel im Kleinfeld

Zehn Tipps und Sicherheitsregeln

- Eine einfache Organisationsform mit vielen attraktive Aufgaben aussuchen
- Die Schüler helfen beim Auf-, Um- und Abbau der Geräte
- Gruppen zu Beginn einteilen und im weiteren Stundenverlauf möglichst nicht verändern
- Möglichst viele unterschiedliche Ballmaterialien bereit stellen
- Bei Abschlussspielen je nach Leistungsstärke unterschiedliche Bälle verwenden
- Kleine Gruppen garantieren viele Aktionen und wenig Wartezeiten
- Markierungslinien der Halle als Orientierung (Feldbegrenzung) verwenden
- Matten, Langbänke und Kastenteile lassen sich schnell aufbauen
- Geräte immer sichern! Bei Langbänken auf Stolpergefahr hinweisen
- Auf Sportkleidung und angemessenes Schuhwerk achten
- Schmuck ist abzulegen oder abzukleben

Tab. 4: Überblick zu den Ausbildungsinhalten im Grundlagenbereich

	Einstieg	Hauptteil			Schluss
U8 / U9	Vielseitige Bewegungsschulung	Vielseitige Aufgaben und Spiele mit Ball und Schläger	Spielerisches Kennenlernen der Basistechniken	Spielerisches Kennenlernen der Basistechniken	Spiele im Kleinfeld
	10 min	15 min	15 min	15 min	20 min

Tab. 5: Lerninhalte des kindgerechten Trainings

Ziele	Schwerpunkte	Prinzipien
Motorikförderung durch vielseitige konditionelle und koordinative Bewegungsaufgaben	Vielseitige Bewegungsschulung mit Lauf- und Fangspielen, einfachen Bewegungsaufgaben oder Hindernis-Parcours	„Vielseitiges Spielen und Bewegen" muss der Schwerpunkt jeder Spiel- und Sportstunde im Kindesalter sein
Fördern und Verbessern der individuellen Bewegungsfähigkeiten und der Ball-Geschicklichkeit	Aufgaben mit Hallengeräten	Einfache Bewegungsaufgaben interessant „verpacken"
Vermitteln von Freude und Begeisterung am Tennisspielen	Vielseitige Aufgaben mit dem rollenden, springenden und fliegenden Ball	Vielseitige Aufgaben mit verschiedenen Bällen anbieten!
Altersgemäßes Erlernen und Kennenlernen der Spielidee des Tennisspiels	Spielerische motorische Ausbildung	Kleine Gruppen, viele Bewegungsaktivitäten und Spielaktionen sicherstellen!
Erproben des eigenen Leistungsvermögens – Verarbeiten von Sieg und Niederlage	Kleine Ballspiele aus dem Konzept der Heidelberger Ballschule	Kinder benötigen Erfolgserlebnisse! Aufgaben den Fähigkeiten anpassen!
Förderung von Kreativität, Selbstsicherheit und Mut zur Entwicklung einer ganzheitlichen Persönlichkeit	Verschiedene Zielspiele	Kinder auf dem Weg zu Persönlichkeiten begleiten! In jeder Situation Vorbild sein!
	Schlagen des stehenden, rollenden und fliegenden Balles auf Ziele (z. B. Matten, Kästen)	Kindern die Faszination und die Begeisterung für das Tennisspielen (nach einfachen Regeln) vermitteln!
	Freies Tennisspiel in kleinen Gruppen als Mittelpunkt einer Tennisstunde im Sportunterricht	

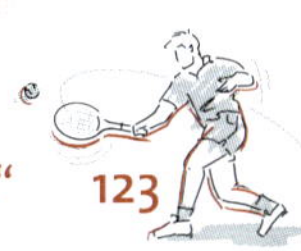

Doppelstunde 1

Stundenabschnitte und Unterrichtsinhalte	Organisatorische Hinweise

Aufwärmphase

Hütchenspiel (vgl. Abb. 9)

Im gesamten Spielfeld werden Hütchen (Joghurtbecher, Eimer, ...) aufgestellt, und zwei Gruppen gebildet. Die eine soll in einer vorgegebenen Zeit möglichst viele Hütchen umlegen. Die andere Gruppe soll die gefallenen Hütchen gleichzeitig wieder aufstellen.

Welches Team schafft es die meisten Hütchen in der Zeiteinheit umzulegen?

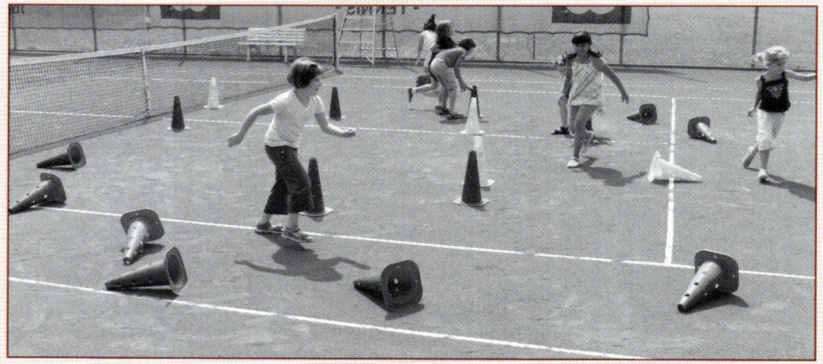

Abb. 9: Hütchenspiel zur Schulung der Orientierungsfähigkeit (exemplarischer Aufbau)

Bälle klauen (vgl. Abb. 10)

Jeder Schüler legt seinen Schläger mit vier Bällen auf den Boden des Spielfeldes. Auf Zuruf des Lehrers sollen die Kinder von anderen Schlägern Bälle stehlen und auf ihrem eigenen Schläger ablegen. Es darf immer nur ein Ball transportiert werden, und das Stehlen des Balles darf nicht verhindert werden. Gewonnen hat derjenige, der nach einer bestimmten Zeitvorgabe die meisten Bälle auf seinem Schläger gesammelt hat.

Als Varianten bieten sich an, dass die Schüler ihren Schläger mit einem (zwei oder drei) darauf liegenden Ball vor sich halten, im Spielfeld umherlaufen, dabei von anderen Kindern Bälle von deren Schlägern stehlen und auf ihre Schlagfläche ablegen.

Wer hat nach einer Minute die meisten Bälle bei sich auf dem Schläger?

Das Spielfeld kann im weiteren Verlauf des Spiels in der Größe variiert werden.

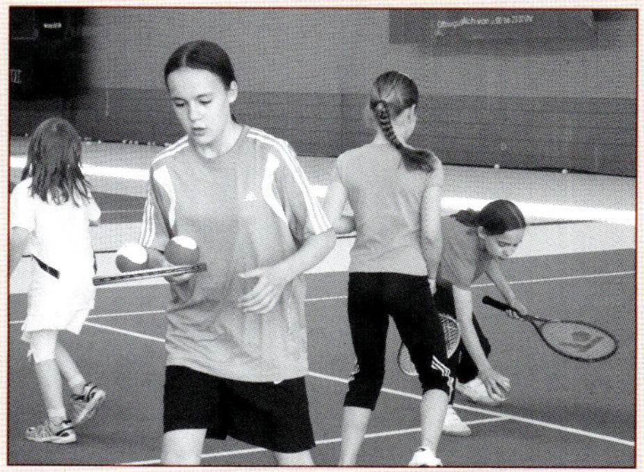

Abb. 10: Schulung der Orientierungsfähigkeit

Stundenabschnitte und Unterrichtsinhalte	Organisatorische Hinweise

Spiel- und / oder Übungsphase

Hip-Hop-Tennis (vgl. Abb. 11)

- Der Lehrer oder Mitspieler wirft einen großvolumigen Ball (Schaumstoffball) auf den Boden Richtung Schüler. Dieser ruft beim Aufspringen des Balles „Hip" und schlägt diesen dann über ein Netz (Bank, Tischtennisbande) auf Zielfelder.
- Der Lehrer oder Mitspieler wirft den großvolumigen Ball auf den Boden Richtung Schüler. Dieser ruft im Schlagmoment des Balles „Hop" und schlägt diesen dann über ein Netz auf Zielfelder.
- Der Lehrer oder Mitspieler wirft den großvolumigen Ball auf den Boden Richtung Schüler. Dieser ruft beim Aufspringen des Balles „Hip", im Schlagmoment des Balles „Hop" und schlägt diesen dann über ein Netz auf Zielfelder.
- Schüler spielen miteinander. Beim Aufspringen des Balles ruft jedes Kind „Hip", im Schlagmoment des Balles „Hop" und schlägt diesen anschließend über ein Netz auf Zielfelder.

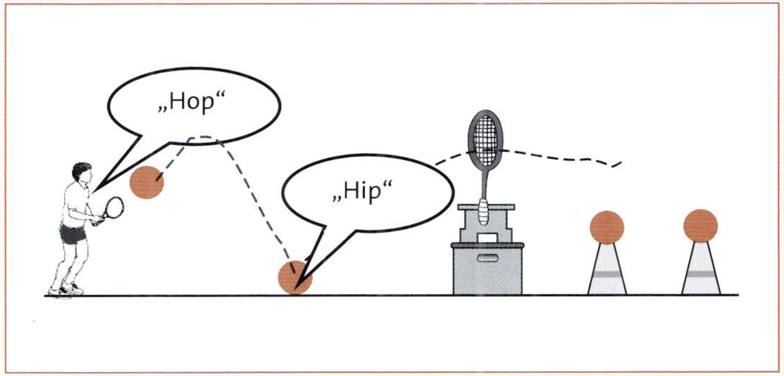

Abb. 11: Hip-Hop-Tennis (exemplarischer Aufbau)

Zielscheibe (vgl. Abb. 12)

Zwei Schüler stehen sich im Abstand von vier Metern gegenüber. Zwischen den beiden werden ihre Tennisschläger mit dem Griffende am Boden aufgestellt. Nun versucht jeder der beiden, mit einem Schaumstoffball den Schläger des anderen zu treffen.

- Die Schläger dürfen nicht direkt getroffen werden. Der Ball muss vor dem Treffen einen Bodenkontakt haben.
- Die Übung lässt sich ebenfalls mit auf eine Turnbank gestellten Hütchen, Bällen, Schlägern realisieren.
- Der Ball muss nach dem Wurf zuerst in der eigenen Spielhälfte aufspringen – ähnlich dem Pingpong.
- Mit der Nichtwurfhand werfen.
- Auf der Bank stehen keine Ziele: Der Ball soll so geworfen werden, dass er zuerst am Boden und dann auf der Bank aufspringt.

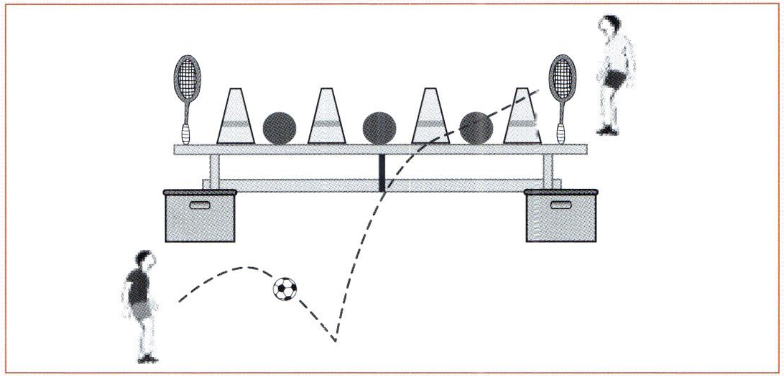

Abb. 12: Aktionsmomente werden vom Schüler mit Worten untermauert (exemplarischer Aufbau)

Stundenabschnitte und Unterrichtsinhalte	Organisatorische Hinweise

Hütchen-Treffer (vgl. Abb. 13)

Der Lehrer spielt mit einer Gruppe von drei bis vier Schülern. Auf der Spielhälfte des Lehrers verteilt stehen unterschiedliche Ziele (Reifen, Hütchen, Joghurtbecher … Das erste Kind bekommt einen Ball zugespielt und versucht, diesen über das Netz (Bank, Tischtennisbande) auf eines der Ziele zu schlagen. Wird ein Ziel getroffen, läuft das Kind auf die andere Netzseite, nimmt dieses für sein Team mit und legt es außerhalb des Spielfeldes in das Depot (Matte) ab. Der nächste Spieler ist an der Reihe. Trifft dieser nicht, kommt sofort der nächste Schüler ins Spiel.

- Wie viele Ziele trifft das Team mit zehn Versuchen?
- Welches Team braucht die wenigsten Versuche, um alle Ziele zu treffen?
- Geübte Schüler als zusätzlichen „Co-Trainer“ einsetzen

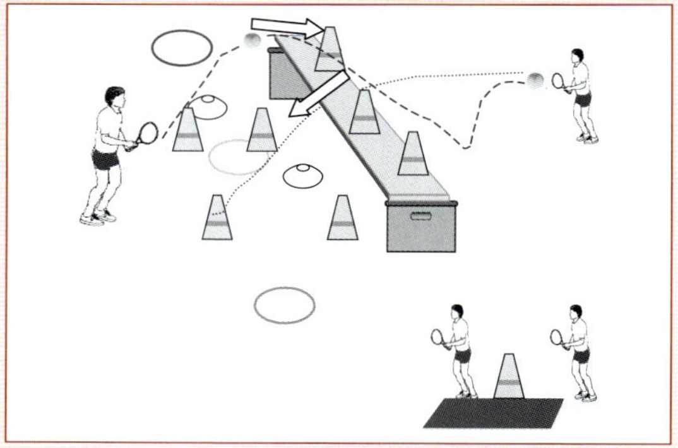

Abb. 13: Hütchen-Treffer

Spielphase

Rund um Heidelberg (vgl. Abb. 14)

Die Schüler stellen sich in zwei Reihen am Spielfeldende zweier Kleinfelder auf. Pro Platz spielt ein Lehrer einen Ball zum ersten Kind, dieses schlägt den Ball möglichst auf die ausgelegten Ziele zurück, läuft dann um beide Plätze herum und stellt sich am Ende der Reihe des Nachbarplatzes an.

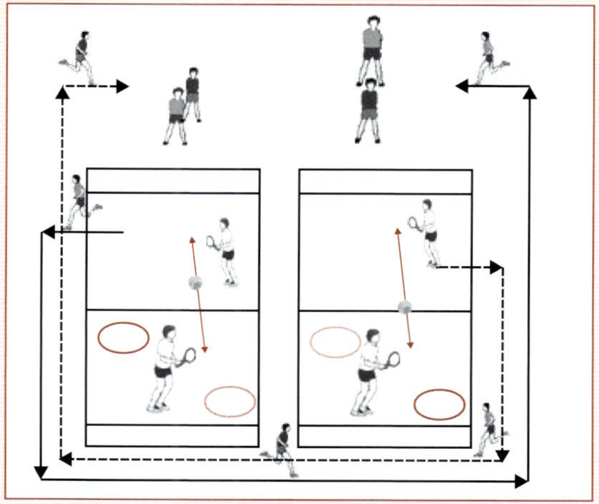

Abb. 14: Rund um Heidelberg

Stundenabschnitte und Unterrichtsinhalte	Organisatorische Hinweise
Wettbewerb: *Gefängnisinsel* (vgl. Abb. 15) Jeweils sechs Schüler bilden eine Gruppe. Vier Kinder spielen über ein Netz (Bank, Tischtennisbande) nach Tischtenniszählweise gegeneinander. Nach jedem ausgespielten Punkt wird ein Spieler des Doppelpaares ausgewechselt. Hat ein Team fünf Punkt erspielt, erhält es einen „Superpunkt" in Form eines Hütchens.	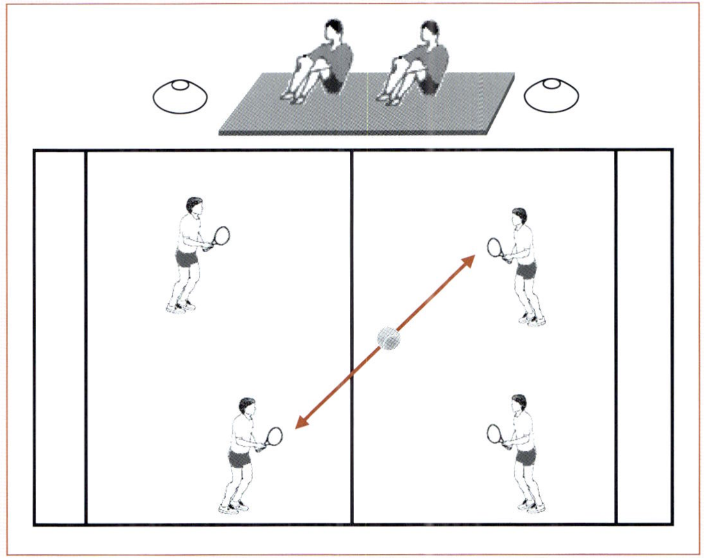 Abb. 15: Tennis als Mannschaftsport

Doppelstunde 2

Stundenabschnitte und Unterrichtsinhalte	Organisatorische Hinweise

Aufwärmphase

Dosenspiel (vgl. Abb. 16 a+b)

Jeder Schüler erhält einen Tennisball und eine Tennisballdose (Hütchen). Dann verteilen sich die Schüler in dem zur Verfügung stehenden Raum, damit jeder ausreichend Platz hat, um seine Übungen auszuführen. Nach dem Fangen des Balles klatschen die Kinder mit der freien Hand gegen die Dose, um wieder in die Ausgangsposition zu gelangen.

Die Balldose kann auch durch Markierungshütchen, Schlägerhüllen, einer unten offenen Waschmittelflasche oder Mützen ersetzt werden. Wer keine Balldosen zur Hand hat, kann diese Übungsformen auch mit großen Joghurtbechern spielen.

- Ball hoch werfen, aufspringen lassen und nun mit der Tennisballdose fangen; zuerst mit rechts und dann mit links.
- Ball auf den Boden aufsetzen und dann aus der Luft fangen.
- Ball direkt hoch werfen und wieder auffangen.
- Ball mit dem Dosenboden prellen und dann auffangen.
- Ball gegen die Wand werfen, aufspringen lassen und dann wieder auffangen.
- Ball als Aufsetzer gegen die Wand werfen und dann versuchen den Ball direkt aus der Luft zu fangen.
- Zusatzaufgabe: Schüler in den Unterricht einbeziehen: „Fällt euch noch eine Aufgabe ein?“

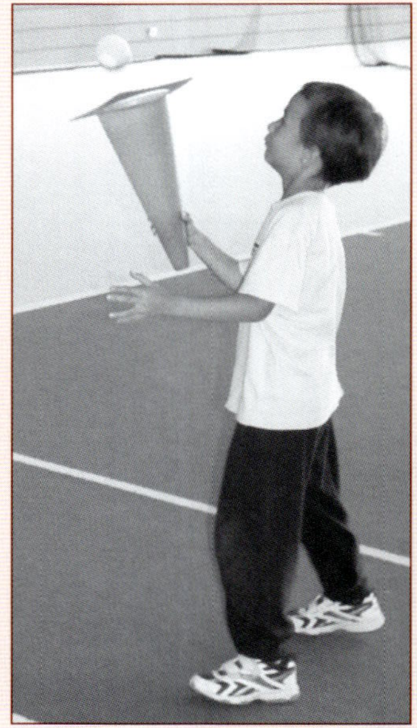

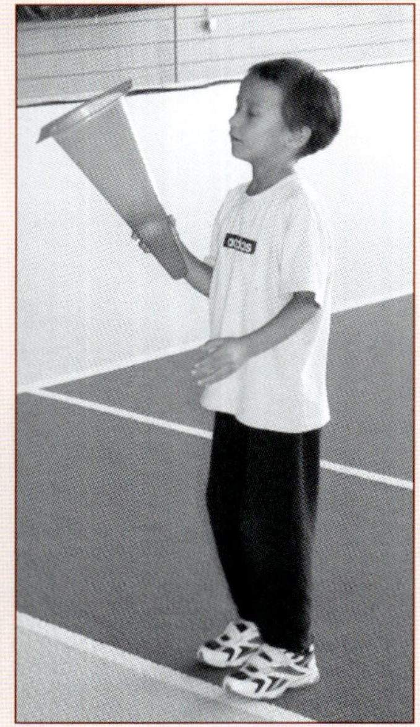

Abb. 16 a+b: Schulung der Auge-Hand-Koordination

Stundenabschnitte und Unterrichtsinhalte	Organisatorische Hinweise
Tennis-Golf (vgl. Abb. 17) Zwei Schüler spielen miteinander über ein Netz (Bank, Tischtennisbande). Ein Kind hält in einer Hand als Fanggerät ein Hütchen (Balldose, Joghurtbecher, Mütze), das andere spielt mit dem Schläger. • Der Ball wird angespielt, und der Fänger versucht möglichst viele Bälle nach einem Bodenkontakt mit seinem Hütchen zu fangen. Wer hat die meisten Bälle in einer Minute gefangen? • Der Ball muss ohne Bodenberührung mit dem Hütchen gefangen werden. • Der Ball wird angespielt und der Fänger versucht, den Ball mit dem Hütchen zu fangen, nimmt diesen anschließend heraus und wirft ihn über das Netz zum Mitspieler zurück. Nach fünf erfolgreichen Versuchen wechseln die Partner die Aufgabenstellung. • Dieselbe Übung kann auch als Punktspielform ausgetragen werden. Ziel ist es, Lücken im Spielfeld des Partners zu finden, um diesen auszuspielen. Der Ball darf nur von unten geworfen und geschlagen werden.	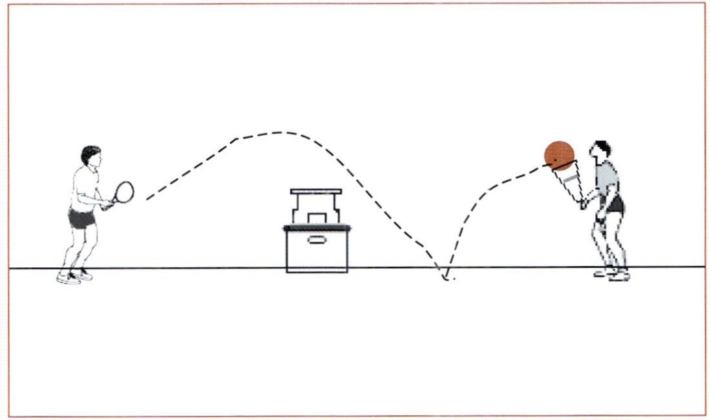 Abb. 17: Tennis-Golf zur Schulung der Auge-Hand-Koordination

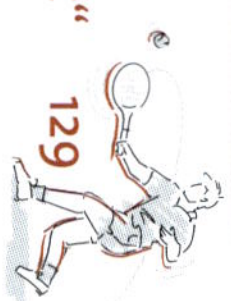

Stundenabschnitte und Unterrichtsinhalte	Organisatorische Hinweise

Spiel- und / oder Übungsphase

Ballwechsel-Weltrekord

Die Schüler spielen gemeinsam Ballwechsel. Für jede Netzüberquerung bekommt jeder Spieler einen Punkt. Dieser zählt laut die Punkte mit.

- Wer wird „Weltrekordler“ mit drei (fünf) Versuchen?
- Wer schafft eine bestimmte Punktevorgabe mit den wenigsten Bällen?
- Jedes Mal, wenn ein Schüler den Ball ins Netz oder außerhalb des Spielfeldes gespielt hat, fällt der aktuelle Punktestand auf null zurück.
- Jeder Schüler kann pro Durchgang einen Joker einsetzen, wenn er den Ball ins Netz oder ins Aus gespielt hat. Spielt er erfolgreich weiter, verliert er seine Punkte nicht.
- Wie viele Ballwechsel schaffen die Schüler mit drei (fünf, zehn) Bällen?
  – Aufbau einer Rangliste „Ralley-König“. Wer hat die meisten Ballwechsel innerhalb der Gruppe geschafft?
- Wie viele Bälle werden benötigt, um zehn Ballwechsel zu schaffen?
- Lehrer spielt mit zwei Schülern. Diese haben nur einen Schläger und müssen nach jedem Schlag ihrem Partner den Schläger übergeben. Welches Team ist Ralley-König?
- Als Partnerübung – spielt so viele Ballwechsel wie euer Alter zusammengezählt ergibt.

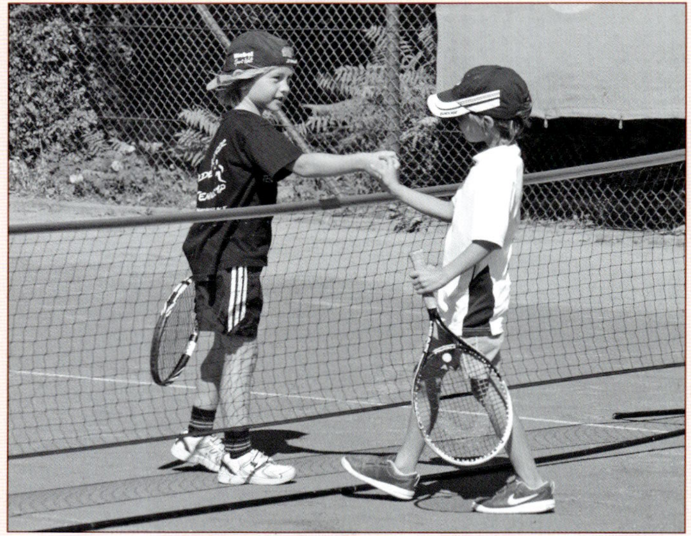

Stundenabschnitte und Unterrichtsinhalte	Organisatorische Hinweise

Das Zeitungsspiel (vgl. Abb. 18)

- Eine Zeitungsseite wird auf dem Boden ausgebreitet. Zwei Schüler spielen einen Ball hoch und versuchen, den Ball auf die Zeitung zu spielen. Dabei darf der Ball mit dem Schläger nur von unten nach oben geschlagen werden
- Rundlauf um eine ausgebreitete Zeitungsseite mit mehreren Spielern (Ausführung wie oben). Wer zuerst drei (fünf) Treffer erzielt hat, ist der Sieger.
- Mehrere Zeitungen werden hintereinander in einer Reihe ausgelegt. Der Ball wird mit dem Schläger von oben schlagend vorwärts geprellt. Ziel ist es, in der Vorwärtsbewegung möglichst alle Zeitungen mit dem Ball zu treffen. Die Laufbewegung kann ebenfalls mit Side-step-Schritten oder im Rückwärtslaufen ausgeführt werden.
- Es werden zwei gleichlange Zeitungskorridore parallel als Staffelstrecken ausgelegt. Aufgaben wie oben. Welches Team erzielt die meisten Treffer in einem Durchgang?
- Im Spielfeld werden in den gegenüberliegenden Feldern mehrere Zeitungen ausgebreitet. Zwei Schüler spielen nun über das Netz (Bank, Tischtennisbanden...) und versuchen mit dem Ball, die gegenüberliegende Zeitung zu treffen. Wer hat zuerst drei Treffer erzielt?
- Wie oben. Wer die Zeitung trifft, legt seine Zeitung um eine Länge weiter nach hinten. Wer hat zuerst eine bestimmte Markierung (Linie) erreicht?
- Wie oben, nur wird nach jedem Treffer die Zeitung halbiert.

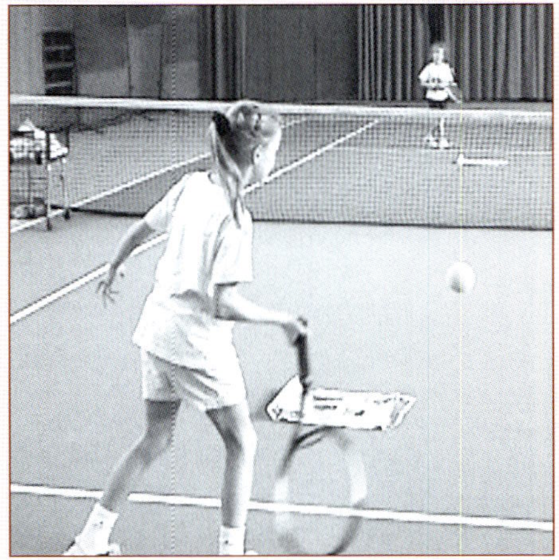

Abb. 18:
Zeitungstreffer

Stundenabschnitte und Unterrichtsinhalte	Organisatorische Hinweise

Spielphase

Gefahrenzone (vgl. Abb. 19)

Jede Spielfeldseite wird in vier Zonen unterteilt. Zwei Schüler spielen miteinander über das Netz (Bank, Tischtennisbande). Jedes Kind stellt in eine Zone auf seiner Spielfeldseite ein Hütchen. Diese wird zur „Gefahrenzone" erklärt. Der Spieler, der einen Ball in die „Gefahrenzone" schlägt, verliert den Punkt.

- Nach jedem Treffer in der „Gefahrenzone" wird das Hütchen neu positioniert.
- Wer schafft es, am längsten nicht in die „Gefahrenzone" zu spielen?
- Punktspielform mit Tischtenniszählweise. Wird eine „Gefahrenzone" getroffen, erhält der Partner zwei Punkte.

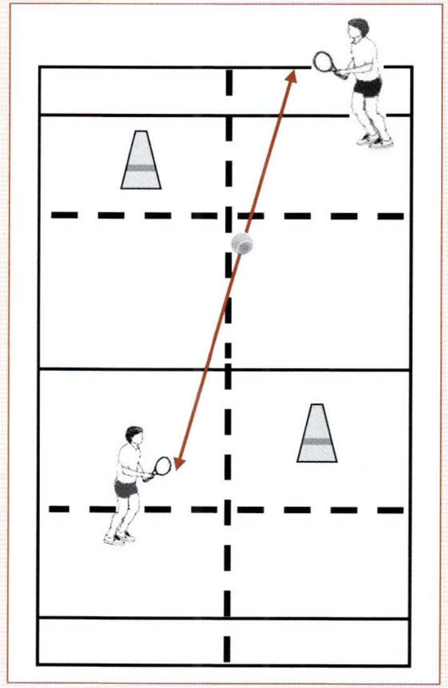

Abb. 19:
Lücken finden, um nicht in die „Gefahrenzone" zu kommen.

Wer ist Spitze?

Es werden zwei Mannschaften gebildet. Jeweils ein Kind der beiden Teams spielt nach Tischtenniszählweise gegeneinander. Derjenige, der den Punkt gewinnt, schreibt sich für sein Team dem Buchstaben „W" gut und die nächsten beiden Spieler sind an der Reihe. Gewinnt die Mannschaft auch den zweiten Punkt kommt der Buchstabe „I" hinzu. Das Team, das zuerst den Satz „Wir sind Spitze" erspielt hat, hat den ersten Durchgang gewonnen und ruft laut „Wir sind Spitze".

- Die Schüler schlagen ein Wort oder einen kleinen Satz vor, der/das erspielt werden soll.
- Der Lehrer spielt gegen eine Mannschaft. Für jeden Punktgewinn bekommt das Schülerteam zwei Buchstaben gutgeschrieben.
- Welche Mannschaft benötigt die kürzeste Zeit um den Satz „Tennis ist toll" zu rufen?

Doppelstunde 3

Stundenabschnitte und Unterrichtsinhalte	Organisatorische Hinweise

Aufwärmphase

Handicap-Tennis

Auf allen Spielfeldern wird Doppel gespielt. Die Paarungen werden für jede neue Begegnung neu ausgelost. Der jeweils spielstärkere Schüler des Duos spielt mit einem Handicap.

Als Handicap können folgende Gegenstände verwendet werden:

- Ein am Schlägerkopf festgebundener Luftballon, Taucherflossen, Augenklappe, Rucksack, Regenschirm, Bratpfanne, ...

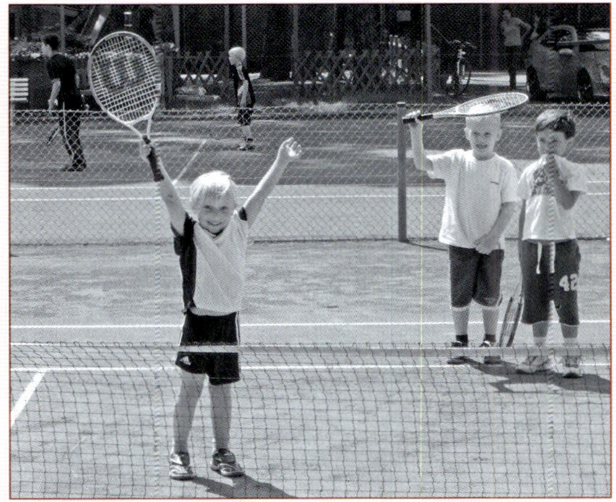

Spiel- und / oder Übungsphase

„Zurück – Hip – Hop“(vgl. Abb. 20)

Der Lehrer spielt einem Schüler mehrere Bälle zu. Wenn das Kind zum Schlag ausholt, ruft es laut „zurück“, schlägt gegen den Ball und versucht ein Ziel zu treffen.

- Wenn der angespielte Ball den Boden berührt, ruft der Schüler „Hip“.
- Wenn der Ball geschlagen wird, ruft der Schüler im Treffmoment „Hop“.
- Der Schüler ruft laut „Zurück“ beim Ausholen, „Hip“ beim Bodenkontakt des Balles und „Hop“ im Treffmoment.

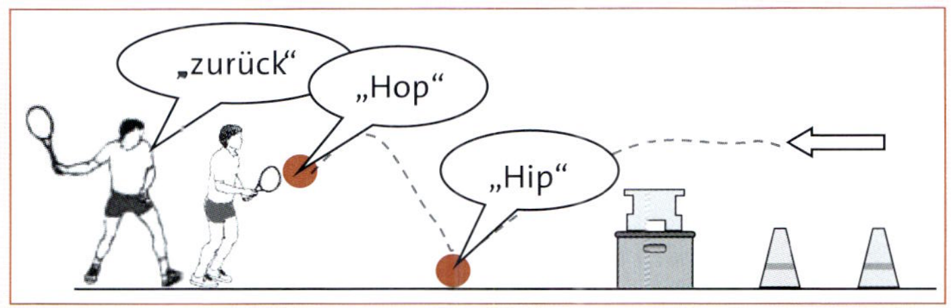

Abb. 20: Aktionsmomente werden vom Schüler mit Worten untermauert.

Stundenabschnitte und Unterrichtsinhalte	Organisatorische Hinweise

High-Five-Doppel (vgl. Abb. 21)

Jeweils zwei Spieler bilden ein Team. Zu viert spielen diese nach Tischtenniszählweise ein Doppel miteinander. Nach jedem Punktgewinn muss das jeweilige Paar sich mit der Nichtschlaghand – High Five – abklatschen. Wird das Abklatschen vergessen, erhält das andere Team einen Punkt.

- Nach jedem Punktgewinn tauschen die beiden Spieler ihren Schläger.
- Nach jedem über das Netz geschlagenen Ball tauschen die beiden Spieler ihren Schläger.
- Nach jedem geschlagenen Ball muss der Spieler das den Ball geschlagen hat, mit dem Schlägerrahmen die Netzkante (Bank, Tischtennisbande) berühren.

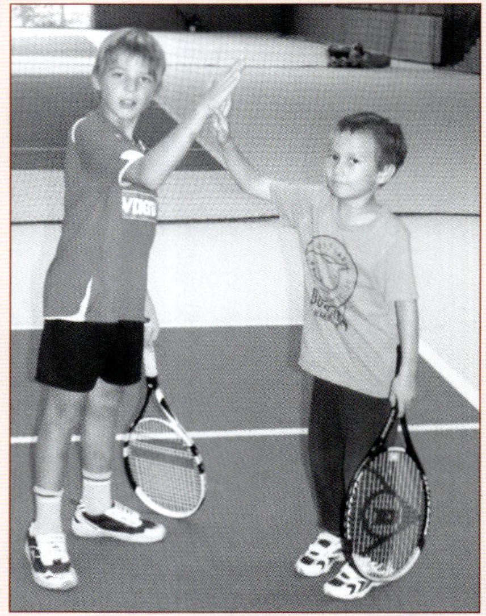

Abb. 21: High-Five-Doppel

Tor (vgl. Abb. 22)

In jeder Spielfeldhälfte werden zwei Torstangen positioniert. Zwei Schüler spielen miteinander über ein Netz (Bank, Tischtennisbande). Wird der Ball durch die beiden Torstangen hindurch gespielt, geht der Punkt verloren. Nach jedem ausgespielten Punkt wird das Tor im Spielfeld verschoben.

- Der Abstand zwischen den beiden Torstangen wird nach jedem ausgespielten Punkt immer größer.
- Die Position der Stangen wird immer näher an die Auslinie verschoben, damit es für die Schüler schwieriger wird, den Ball durch die Mitte zu schlagen (Winkel steuern).

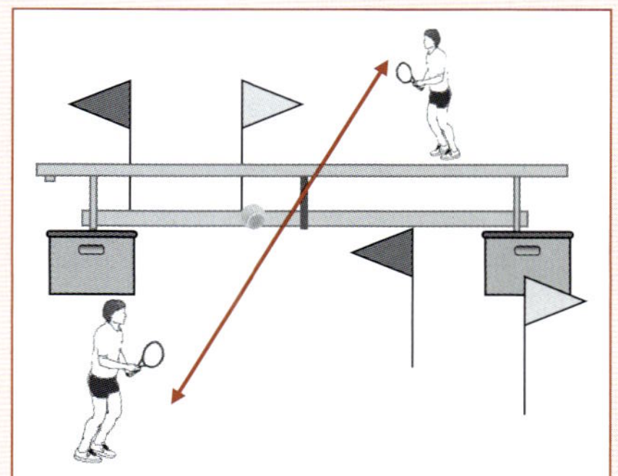

Abb. 22: Schulung zur Winkelsteuerung

Spielphase

Wettbewerb: Quartett-Tennis (vgl. Abb. 23 und 24)

Vier Netze (Bänke, Tischtennisbanden) werden in Form eines Kreuzes aufgestellt. Jeder Quadrant stellt ein eigenes Spielfeld für einen Schüler dar. Die Kinder dürfen nun über jedes Netz zum Mitspieler spielen. Spielt Spieler 1 den Ball, müssen sich alle anderen orientieren und richtig positionieren.

Innerhalb des Teams darf der Ball zweimal untereinander hin und her gespielt werden. Danach muss der Ball in eins der gegenüberliegenden Felder gespielt werden. Dabei ist zu berücksichtigen, dass der Ball nicht geschmettert werden darf.

- Jeder Spieler bekommt eine Zahl zwischen eins und vier zugewiesen. Vor jedem Schlag wird laut gerufen, zu welcher Nummer der Ball gespielt wird.
- Die Schüler spielen sich den Ball in einer festgelegten Reihenfolge zu (1, 2, 3, 4, ...).
- Welche Gruppe schafft die meisten Ballwechsel innerhalb einer vorgegebenen Zeit?
- Innerhalb jedes Spielfeldes liegt ein Reifen auf dem Boden. Dieser soll als Ziel angespielt werden.
- Punktspiel gegeneinander.

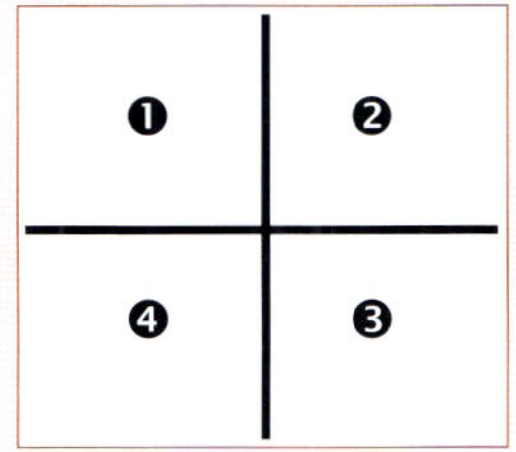

Abb. 23: Netzpositionen beim Quartett-Tennis

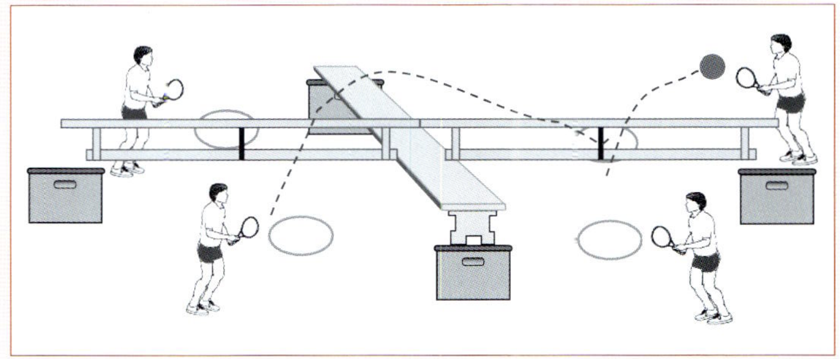

Abb. 24: Vier Netze, vier Spielfelder, vier Spieler – Übungsform zur Schulung der Orientierungsfähigkeit

Stundenabschnitte und Unterrichtsinhalte	Organisatorische Hinweise

Menschliche Zählmaschine (vgl. Abb. 25)

Es werden zwei Mannschaften mit je vier Schülern gebildet. Jeweils zwei spielen ein Doppel gegeneinander. Die übrigen Kinder sitzen auf dem Boden und sind die menschliche Zählmaschine. Wenn ein Team einen Punkt erzielt, steht ein Mitspieler auf. Sobald eine Mannschaft zwei Punkte erzielt hat, erhält diese einen „Superpunkt“ in Form eines Hütchens. Anschließend werden die Spielpaarungen getauscht. Wer zuerst fünf Superpunkte erreicht hat ist Gesamtsieger.

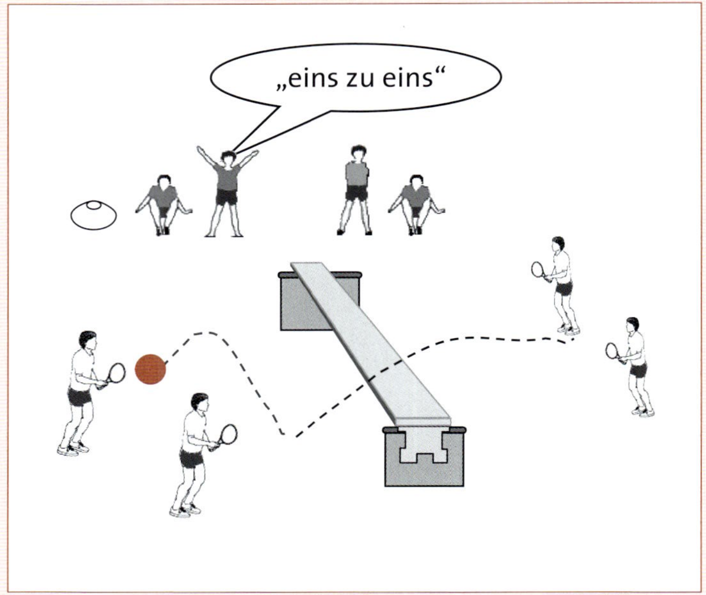

Abb. 25: Spielform mit zwei Spielern und zwei Zählern

Tennis

(Reimar Bezzenberger & Michael Müller)

III

Drei Doppelstunden für die Klassen 7 bis 9 „Tennis orange“

Methodisch-didaktische Vorüberlegungen: Lernstufe „orange“

Die Schüler der Lernstufe „orange“ befinden sich in einem Schwellenalter und haben bereits erste Erfahrungen mit den verschiedenen Basistechniken und taktischen Elementen gesammelt. Sie sind in der Lage, diese Kenntnisse methodisch-individuell zielführend weiterzuentwickeln. Techniktraining ist nach wie vor Spieltraining. Für die Lehrkraft bedeutet dies, Technikkorrekturen behutsam durchzuführen. Der Übungsanteil zur Technikverbesserung nimmt zu, die Kinder werden dabei nicht im Detail korrigiert. Effektiver ist die Weitergabe hilfreicher Tipps zur Spielverbesserung.

Sehr sinnvoll ist es, die Schüler an kindgerechten Punktspielrunden mit verkleinerten Spielfeldern (Mittelfeld) und weicheren Spielbällen (Play & Stay Stufe orange mit fünfzigprozentiger Druckreduzierung) teilnehmen zu lassen. Das Lernen im Wettkampf fördert die Persönlichkeit jedes Kindes nachhaltig.

Vielen Lehrern fällt es schwer, sich in die Lage von Kindern zu versetzen. Bei der Trainingsgestaltung fließen daher häufig Ideen ein, die sich am Erwachsenentraining orientieren. Bei dieser Art der Sportartvermittlung kommt es jedoch sehr schnell zu Konfliktsituationen: Denn Kinder wollen spielen – Erwachsene üben lieber.

Folgende Überlegungen sollten im Vorfeld jeder Vorbereitung in Schule und Verein beachtet werden:

- Wie groß ist die zur Verfügung stehende Übungsfläche (Halle, Tennisplatz, Schulhof)?
- Wie viele Schüler nehmen voraussichtlich an der Sportstunde teil?
- Welche Schwerpunkte werden inhaltlich gesetzt?
- Welche Trainingsmaterialien (Schläger, Bälle ...) werden benötigt?

Aufgabe von Trainern und Lehrern ist es, motivierende und ansprechende Rahmenbedingungen zu schaffen, in denen die spielerischen Bedürfnisse der Schüler erfüllt werden, die gleichzeitig zielführend zum Erwerb der Sportart sind. Somit müssen sich sämtliche Inhalte und Abläufe der Übungsstunden im Kindertennis grundsätzlich am Alter und Entwicklungsstand orientieren.

Tab. 6: Inhalt eines vielseitigen Jugendtrainings. Die Spiel-/ Trainingsstunden sind systematisch in Aufwärmen, Haupt– und Schlussteil gegliedert.

	Einstieg	Hauptteil			Schluss
U9 / U10	Vielseitige Bewegungsschulung	Vielseitige Aufgaben und Spiele mit Ball und Schläger	Kindgerechtes Training der Basistechniken	Kindgerechtes Training der Basistechniken	Spiele im Mittelfeld
	10 min	15 min	15 min	15 min	20 min

Abwechslungsreiches Training gestalten – Spielfähigkeit als zentrales Ziel

Im Tennis sind die Handlungsmöglichkeiten für die Schüler während eines Spiels nahezu unbegrenzt. Abgesehen vom Regelwerk (Play+Stay-Stufen), ist das gesamte Spielgeschehen nicht vorhersehbar. Dies hat zur Folge, dass die Schüler auf dem Spielfeld selbstständig alle Entscheidungen für sich treffen müssen.

Im Training sollten daher Spielformen so eingeplant werden, dass die Kinder im Rahmen von „Lern-Freiräumen“ Lösungen eigenständig erarbeiten können. Dennoch sollen diese Lern-Freiräume für die Schüler nicht mit ungeplantem Spielen gleichgesetzt werden, sondern überlegt und zielorientiert vom Lehrer initiiert werden.

Im Kindesalter muss die Schulung der koordinativen Fähigkeiten zusammen mit der Ausbildung der Spielfähigkeit (miteinander Spielen) im Mittelpunkt stehen. Nur so entwickeln die Kinder entsprechende Aktions- und Handlungsschnelligkeit. Für die motorische Basisschulung ist es unverzichtbar, multisportive Spiel- und Übungsformen in das Training zu integrieren. Diese lassen sich variantenreich mit tennisspezifischen Übungen koppeln. Es gilt hierbei das Motto:

„So wenig wie nötig korrigieren, so oft wie möglich variieren.“

„Wünschenswert ist die Durchführung einer krea(k)tiven, spielerischen und variantenreichen Trainingsgestaltung in unterschiedlichen Lernumfeldern.“ Kinder sollen darüber hinaus häufig die Gelegenheit bekommen, Unbekanntes individuell oder in der Kleingruppe auszuprobieren, auch wenn dies dazu führt, dass die Bewegungsausführung zu Beginn nicht optimal ist. Daher ist es ratsam, jede Übungseinheit analog zu den den folgenden Trainingsbausteinen aufzubauen. Daran können im weiteren Verlauf alle Trainingsinhalte angekoppelt werden.

Lern-Freiräume
Spiel- und Übungsformen sollen von den Schülern eigenständig ausprobiert werden. Die Kinder sollen darüber hinaus eigene Ideen und Lösungsvorschläge mit in das Training einbringen. Es lohnt sich Aspekte aus anderen Ballsportarten (z. B. Handball) mit in das Tennistraining zu integrieren.

Schnelligkeitszentriertes Training
Die Aktions- und Handlungsschnelligkeit bilden das Fundament im Kindertennis.

Multisportive Ausbildung
Im Training sollten Elemente aus anderen Sportarten – es lohnt sich ein Blick über den Ballkorbrand hinaus – integriert werden. Dies führt zu einer breitgefächerten und vielseitigen motorischen Ausbildung der Kinder.

Spielen statt Üben
Jede Trainingseinheit soll so gestaltet werden, dass das Miteinander-Spielen wesentlich mehr Raum einnimmt als monotone – zumeist langweilige und wenig motivierende – Techniklektionen.

Das Spielvermögen ist darüber hinaus ein Merkmal zur Beurteilung der Leistungsfähigkeit. Inwieweit ist ein Schüler in der Lage, Spielsituationen zu erkennen, zu analysieren, Lösungen zu finden und diese mit seinen technischen, taktischen und körperlichen Voraussetzungen effektiv umzusetzen? Der Trainer und Lehrer sollte bei der Beurteilung allerdings zwischen der aktuellen und der perspektivischen Spielleistung unterscheiden.

Grundsätzlich ist bei der Spielbeurteilung auf folgende Aspekte zu achten:

- Krea(k)tivität
- Effektive Technikanwendung als Lösungsstrategie
- Handlungsschnelligkeit im Spiel
- Körpersprache
- Spielfreunde

Alle Spielformen tragen nachhaltig zur Verbesserung der Spielfähigkeit bei. Neben der Auswahl der Spielformen ist die individuelle Beratung der Schüler von großer Bedeutung. Die Aufgabe des Lehrers

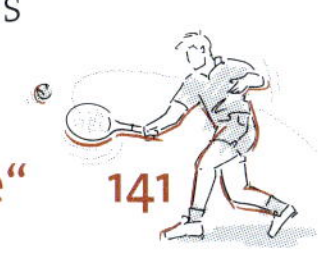

ist es, Alternativen aufzuzeigen, um Spielsituation effektiv zu lösen, ohne dem Schüler die selbstständige Entscheidungsfindung abzunehmen. Daher ist das freie Spielen (Einzel und Doppel) ein wichtiger Bestandteil des Trainings im Kinder- und Jugendalter. Wettspielformen sind besonders im Nachwuchsbereich ein wichtiges und motivierendes Trainingselement. Der Erfolg soll jedoch nicht zu sehr überbewertet werden. Vorrangiges Ziel ist die ganzheitliche und langfristige Ausbildung der Schüler. Je umfassender diese ist, desto höher sind die späteren Erfolgschancen.

Aufwärmen
Die Aufwärmphase soll immer spielerisch geplant werden. Die Kinder dürfen sich dabei gern nach dem Motto „Toben macht schlau" austoben. Multisportive Aspekte eigenen sich zu Beginn des Trainings ideal, um einen abwechslungsreichen Einstieg in die Stunde zu gestalten.

Lern-Teil
Im zweiten Abschnitt werden tennisspezifische und sportartübergreifende Bausteine sinnvoll miteinander verzahnt, um spielend die Tennistechnik zu schulen. Hier steht das miteinander Spielen ebenfalls im Vordergrund. In dieser Phase sollen die Konzentration und die Krea(k)tivität bei den Kindern sehr hoch sein.

Wettspiele
Am Ende der Trainingseinheit soll variantenreich Tennis miteinander oder in kleineren Turnierformen gegeneinander gespielt werden. Kinder wollen sich untereinander messen. Hierzu gehört auch das Verlierenlernen.

Tennisspielen darf im Training nie fehlen.

Tennis im Mittelfeld – Anforderungen an Platz und Ball

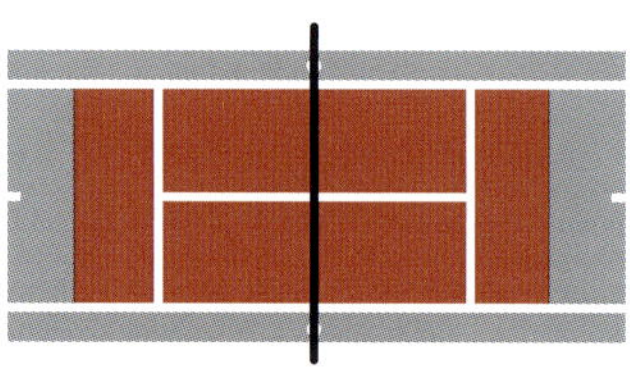

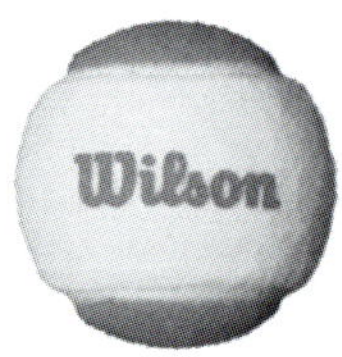

Der Tennisplatz der Lernstufe orange, ist größer als der rote. Daher wird der Ball in dieser Lern-Stufe seltener aus dem Stand als aus der Bewegung heraus geschlagen. Der optimale Balltreffpunkt erfährt eine wesentlich wichtigere Rolle.

Der orangefarbene Tennisball ist kleiner und fliegt schneller als der rote. Dadurch wird die Zeitspanne zwischen den Ballwechseln kleiner und die Schüler

- ... haben weniger Zeit, sich optimal zum Balltreffpunkt hin zu positionieren und müssen dadurch wesentlich öfter aus der Bewegung heraus schlagen,
- ... lernen, sich nach dem Schlag zurück zur Platzmitte hin zu orientieren,
- ... laufen öfter nach vorne in Richtung Netz, um kurz geschlagene Bälle zu treffen und
- ... verfügen über gut ausgeprägte koordinative Fähigkeiten.

Technische Fähigkeiten

In der Ausbildungsstufe „orange" werden folgende Fähigkeiten von Seiten der Kinder gefordert: Die Spieler können ...

- ... den Ball mit Spin (Rotation) schlagen,
- ... die unterschiedlichen Schlägergriffe für Vor- und Rückhand anwenden, um den Ball mit Spin zu spielen,
- ... die Winkel steuern und
- ... einen rhythmischen, gut koordinierten Ballwurf für den Aufschlag realisieren.

Taktik

Die Schüler entwickeln folgende taktische Elemente:

- Gute Raumaufteilung
- Erkennen, wann offensiv und wann defensiv gespielt wird.
- Steuern des Schlagwinkels, um durch längere Schläge den Platz besser auszunutzen und den Gegner laufen zu lassen.
- Aus dem Schlagablauf des Gegners antizipieren sie ein Spielmuster und entwickeln darauf hin eine Lösungsstrategie.

Dies bedeutet, dass der Faktor Zeit beim Spiel in dieser Play+Stay-Stufe von größerer Bedeutung ist als in der Stufe rot. Zeit- und Präzisionsdruck haben demnach einen größeren Einfluss auf das Spielgeschehen.

Wettbewerbe und Zählweise

Kinder sollen in der Spielstufe „orange" innerhalb des Trainings die Tischtennis-Zählweise (Tie-break) bis zehn Punkte anwenden. Diese ist für die Schüler verständlicher, einprägsamer und leichter umsetzbar als die reguläre Tenniszählweise. Im Wettspiel sollen

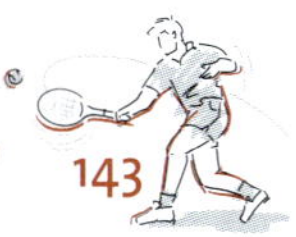

zwei Tie-Break-Gewinnsätze oder ein Satz nach Tenniszählweise bis vier Spiele ausgetragen werden.

Wettspielformen im Mittelfeld sollen in jeder Trainingsstunde den Abschluss bilden. Ebenso können Mannschaftswettbewerbe und Doppelspielformen die Motivation der Schüler nachhaltig steigern, denn Schüler wollen sich untereinander messen und Sieger ermitteln.

Lehrer und Trainer sollten bei der Durchführung von kleinen Wettkämpfen darauf achten, dass diese als Teamwettbewerb durchgeführt werden, wie z. B. „Wer trifft am häufigsten in ein Zielfeld?" oder „Wer schafft die meisten Ballwechsel?". Das K.-o.-System als Turnierform sollte nur in Einzelfällen Verwendung finden.

Die hier vorgestellten Stundenbeispiele bzw. einzelnen Übungs- und Spielformen sind prinzipiell in allen Sporthallen durchführbar. Bei Bedarf – etwa bei sehr kleinen oder sehr großen Sporthallen – sind Anpassungen im Hinblick auf die Organisationsstruktur vorzunehmen, welche die Übungs- bzw. Spielidee nicht wesentlich verändern.

Doppelstunde 4

Stundenabschnitte und Unterrichtsinhalte	Organisatorische Hinweise
Aufwärmphase	
Rund um Darmstadt Alle Schüler bilden einen Kreis und versuchen einen Tennisball von Spieler zu Spieler zu transportieren, ohne dass dieser den Boden berührt. Jedes Kind hat einen Tennisschläger in der Hand. Wenn der Ball bei der Übergabe von Schläger zu Schläger auf den Boden fällt, müssen beide beteiligten Spieler auf einem Bein stehen. Machen beiden nochmals einen Fehler, müssen sie im knien weiterspielen. Beim dritten Fehler sitzen beide anschließend auf dem Boden.	• Es können unterschiedliche Schläger (Speckbrett, Tischtennisschläger ...) verwendet werden. • Der Spielerkreis wird größer, der Ball wird nicht übergeben, sondern mit Kontrollschlag zugespielt und dieser soll mit dem Schläger gefangen werden. • Der Ball darf nur mit der Nichtschlaghand übergeben werden. • Es soll eine bestimmte Wegstrecke möglichst schnell überwunden werden. • Wie viele Runden werden ohne Fehler absolviert? • Innerhalb des Kreises sind zwei oder mehr Bälle im Spiel. • Unterschiedlich große Bälle verwenden.
Heiße Kartoffel Jeweils zwei Schüler spielen im Aufschlagfeld Punkte gegeneinander aus. Jeder neu ausgespielte Punkt wird dadurch eröffnet, dass ein Spieler den Ball – die heiße Kartoffel – auf der Netzkante platziert und mit dem Zeigefinger festhält. Er lässt den Ball los und der Ballwechsel ist eröffnet, sobald der Ball den Boden einmal berührt hat. Es ist nicht erlaubt den Ball Volley zu spielen.	• Anwendung des *Kontrollschlags* bevor der Ball das Netz überquert. • Kontrollschlag – Schläger wird um den Körper herumgeführt (Rechtshänder übergeben den Schläger nach links) – Ballschlagen zum Partner. • Als Doppelspielform nach Tischtennisspielweise. Es wird immer abwechselnd geschlagen. • Jedes Doppelpaar hat nur einen Schläger und muss nach jedem Ballwechsel den Schläger untereinander wechseln. • Spiel im Mittelfeld als Einzel oder Doppel. • Beide Doppelpartner spielen getrennt in einer Spielfeldhälfte. Bei einem Fehler wird aus den Einzelspielern ein Team und es wird Doppel gespielt.

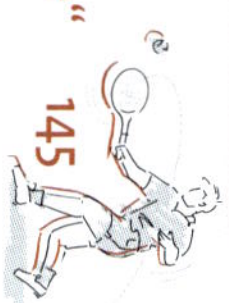

Stundenabschnitte und Unterrichtsinhalte	Organisatorische Hinweise

Spiel- und / oder Übungsphase

Punktespielen

Jeweils zwei Schüler bilden ein Team, und jeweils zwei Spieler spielen mit- und gegeneinander. Der Ball wird von unten angespielt, und nach vier Ballwechseln, darf um den Punkt gespielt werden. Nach jeweils zwei ausgespielten Punkten werden die Spielpartner gewechselt.

- Sieger ist wer zuerst 15 Punkte erspielt hat.
- Welches Team schafft in einer vorgegebenen Zeit die meisten Punkte?
- Welches Team erspielt die meisten Punkte hintereinander?
- Es darf erst nach sechs Ballwechseln um den Punkt gespielt werden.
- Das Anspiel darf mit Aufschlag von oben erfolgen

Bundesliga-Aufsteiger (vgl. Abb. 26)

Es wird auf vier Plätzen parallel gespielt. Jeweils zwei Schüler spielen auf einer Platzhälfte miteinander. Ziel ist, in einer vorgegebenen Zeiteinheit möglichst viele Ballwechsel ohne Fehler zu spielen.
Die Spieler zählen die Anzahl der Ballwechsel laut mit. Wird ein Fehler gemacht muss wieder von vorn angefangen werden. Das bessere Ergebnis innerhalb der Zeit zählt für die Gesamtwertung.

Ist die Spielzeit abgelaufen, verkünden die beiden Teams pro Platz ihr Spielergebnis. Das bessere Team steigt nun auf. Ziel ist es, möglichst lange in der Champions League zu verbleiben.

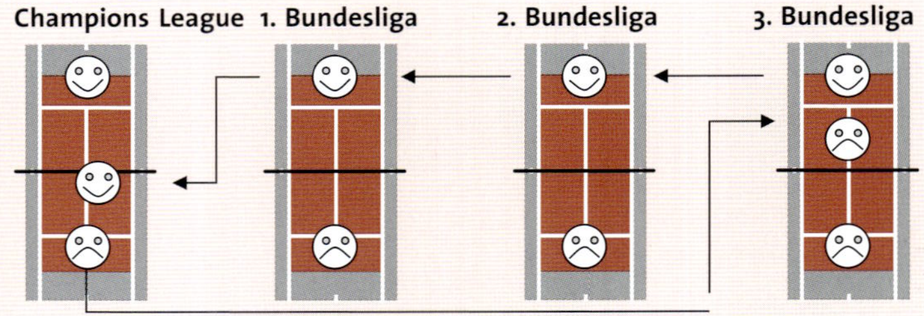

Abb. 26:
Bundesliga-Aufsteiger

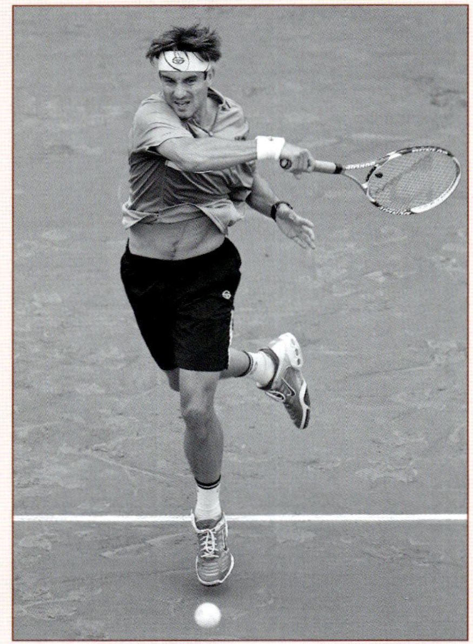

Doppelstunde 5

Stundenabschnitte und Unterrichtsinhalte	Organisatorische Hinweise

Aufwärmphase

Fuchs und Hase (vgl. Abb. 27)

Die Gruppe wird in zwei gleich große Teams „Füchse“ und „Hasen“ aufgeteilt. Beide Mannschaften stehen in der Mitte des Spielfeldes Rücken an Rücken. Sobald der Trainer den Namen einer Gruppe ruft, drehen sich die Schüler um und versuchen, so schnell wie möglich alle anderen Kinder abzuklatschen.

Variationen

- Die Ausgangsposition wird verändert. Die Schüler sitzen, knien, stehen auf einem Bein oder liegen am Boden, bevor der Trainer den Namen einer Gruppe ruft.
- Teamwettbewerb: Welche Mannschaft schafft es zuerst, alle Spieler der anderen Mannschaft zu fangen?
- Die Spieler verteilen sich zu Beginn frei auf dem Spielfeld.

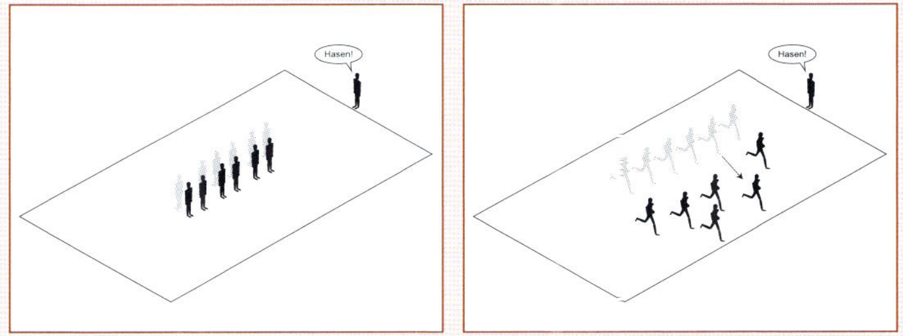

Abb. 27: Startpositionen beim Laufspiel Fuchs und Hase

Spiel- und / oder Übungsphase

Tischtennistrio (vgl. Abb. 28)

Es werden Dreierteams gebildet. Innerhalb der Aufschlagfelder wird nach Tischtenniszählweise zwei gegen eins bis sieben Punkte gespielt. Das Duo hat allerdings nur einen Schläger und muss sich nach jedem Ballwechsel den Schläger übergeben. Nach einem Durchgang wird der einzelnen Spieler getauscht.

- Für den oder die Sieger gibt es pro gewonnenem Durchgang zwei Siegpunkte. Der Verlierer erhält einen Siegpunkt. Wer erzielt die meisten Siegpunkte?
- Wer bleibt am längsten ungeschlagen?
- Nach denselben Regeln wird im Dreiviertel-Feld gespielt.
- Doppelspielform: Es treten zwei Teams zu je zwei Spielern gegeneinander an. Jedes Team hat nur einen Schläger und muss diesen nach jedem Ballwechsel innerhalb der Gruppe dem Partner übergeben.

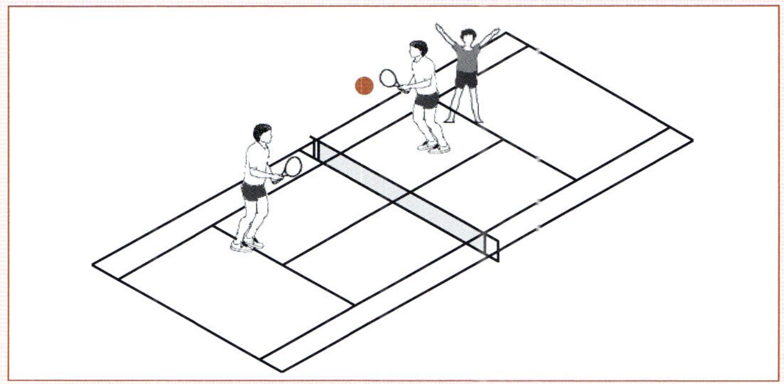

Abb. 28: Aufstellung Tischtennis-Doppel

Stundenabschnitte und Unterrichtsinhalte	Organisatorische Hinweise

Eiszeit (vgl. Abb. 29)

Der Trainer spielt vier bis sechs Bälle mit jedem Schüler. Nach jeder Vorhandschlagausführung – der Ellbogen zeigt in Richtung des Lehrers und symbolisiert dabei eine große Nase – halten die Kinder in der Endposition inne. Sie halten ihren Körper für zwei Sekunden komplett still.

- Der Lehrer spielt mit dem Schüler. Im Moment des Ballkontaktes ruft der Schüler „Eiszeit“ und verharrt für zwei Sekunden in der Schlagendposition. Der Lehrer spielt den Ball langsam und hoch zum Schüler zurück, damit dieser genügend Zeit hat die Balance für zwei Sekunden zu halten.
- Lehrer und Schüler spielen miteinander und zählen dabei, wie viele Ballwechsel beide erreichen. Ein Ballwechsel ist korrekt abgeschlossen, wenn das Kind nach der Schlagausführung „Nase“ gerufen hat. Wird der Ausruf vergessen, beginnt das Zählen der Ballwechsel von vorn.
- Jeder Schüler spielt eine Minute mit dem Lehrer. Wer schafft in dieser Zeit die meisten korrekt ausgeführten „Nasen“?
- Zwei Schüler spielen miteinander. Welches Paar schafft die meisten Ballwechsel mit dem Ausruf „Nase“?

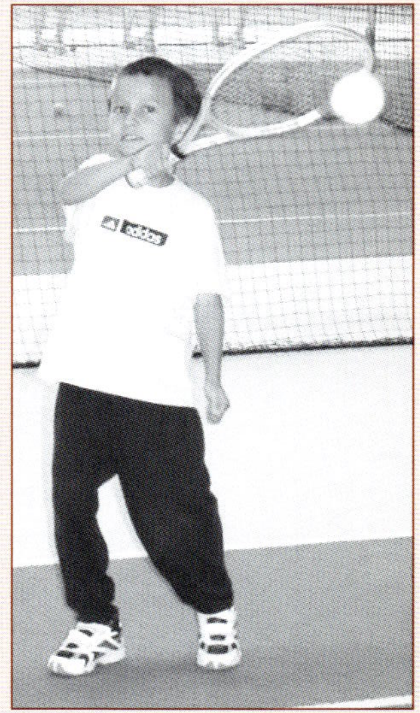

Abb. 29: Vorhandschlagausführung, der Ellbogen zeigt zum Partner

Aufschlag und Return

Die Gruppe wird in zwei gleich große Teams unterteilt. Die eine Mannschaft schlägt von der Grundlinie des orangenen Spielfeldes jeweils diagonal auf und die andere versucht, die Bälle nach einmaligem Bodenkontakt zu fangen. Die Fänger werfen anschließend den Ball diagonal mit einem Oberarmwurf zur Entwicklung der Aufschlagbewegung zurück.

- Wer schafft von zehn Aufschlagversuchen die meisten Treffer im Aufschlagfeld?
- Wer schafft es die meisten Bälle zurück zum Partner zu werfen, ohne das Netz zu treffen?
- Wer schafft es die meisten Aufschläge nach einem Bodenkontakt zu fangen?

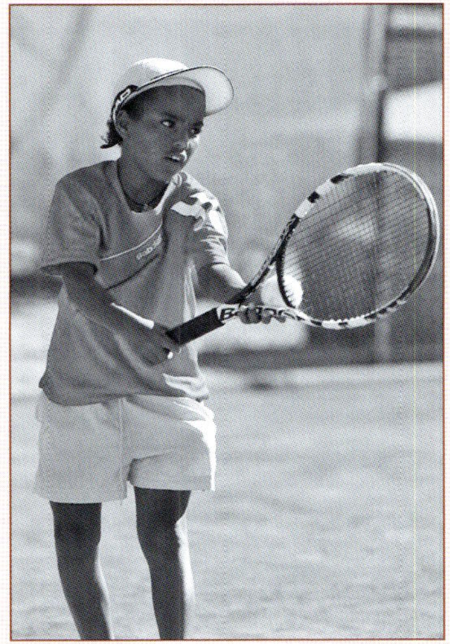

Spielphase

Champions-League-Sieger (vgl. Abb. 30)

Es werden Zweierteams gebildet. Diese spielen nach regulärer Tenniszählweise im orangenen Feld gegeneinander, bis ein Spieler drei Aufschlagspiele gewonnen hat.

Der Spieler, der zuerst drei Spiele gewonnen, ruft laut „Aufsteiger“. Er steigt nun in die nächste höhere Liga auf. Der Verlierer steigt eine Liga ab. Ziel ist es, möglichst lange in der Champions League zu verbleiben.

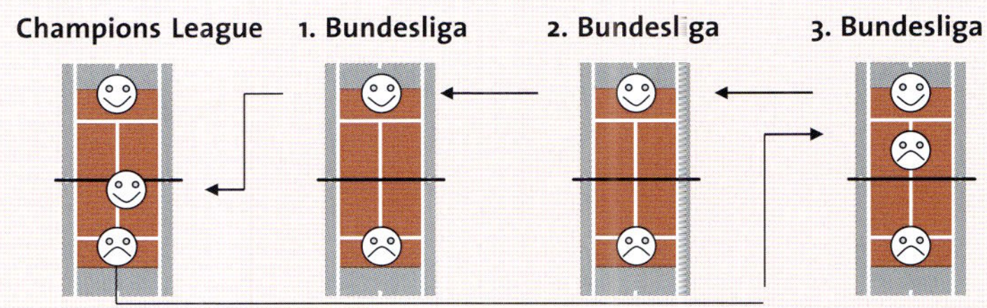

Abb. 30: Champions-League-Sieger

Doppelstunde 6

Stundenabschnitte und Unterrichtsinhalte	Organisatorische Hinweise

Aufwärmphase

Hütchenspiel (vgl. Abb. 31)

Das Hütchen wird über die Hand gestülpt, um damit den zugeworfenen Ring zu fangen. Es werden Gruppen gebildet (sechs und mehr Personen) und die Teilnehmer werden durchnummeriert. In der festgelegten Zahlenreihenfolge (1-2-3-4-5-6- ... 1) wird das Wurfgerät zugespielt, bei freier Laufform und unterschiedlichem Lauftempo.

Geräte

- Markierungshütchen
- große Joghurtbecher
- Gummiringe

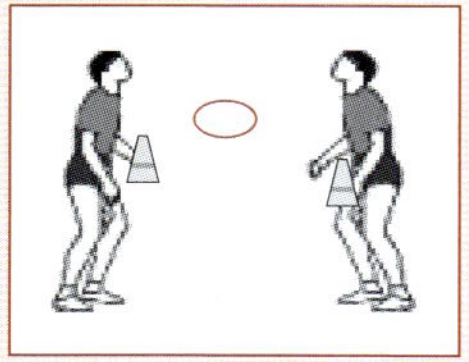

Variationen

- rechts fangen–links werfen / links fangen–rechts werfen
- verschiedene Wurfformen
- lange Pässe – kurze Pässe
- zweiter Wurfring; anderes Wurfgerät, z. B. Wackelluftballon d. h. Hütchen umdrehen als Fanggerät, s.u.
- Durcheinanderlaufen als ganze Gruppen, bei konstanter Wurfreihenfolge
- Raumbegrenzung, und -erweiterung
- Welche Gruppe schafft die meisten Pässe ohne Fehler

Verschiedene Wurfgeräte

- Tennisball/Softball mit Hütchen fangen
- verschiedene Passformen/Bodenpässe/Überkopfwürfe
- Frisbee-Scheibe mit variablen Wurf- und Fangformen
- gleichzeitig mit größeren Bällen dribbeln, passen
- Einhandwurf – Einhandfangen gleichzeitiges Ballzuspiel mit den Füßen

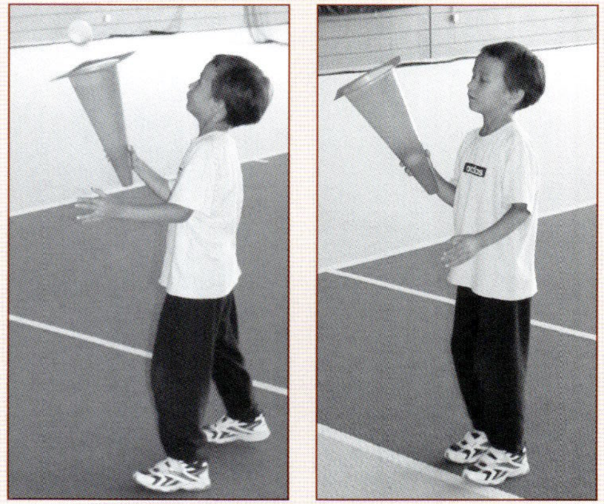

Abb. 31a+b: Hütchenspieler fangen und werfen in unterschiedlichen Formen

Spiel- und / oder Übungsphase

Rettende Insel – Optimale Platzposition (vgl. Abb. 32)

Die Schüler spielen sich inklusive Aufschlag mit ihrem Partner ein.

Zwei Kinder spielen dann im Mittelfeld nach Tie-break-Zählweise gegeneinander. Nach jeder Schlagausführung, müssen beide Spieler zu einer der beiden auf jeder Spielfeldseite markierten Inseln rennen. Erst nachdem sie die Insel betreten haben, dürfen sie den nächsten Ball schlagen.

Die Inseln werden in der hinteren Spielfeldhälfte sowie in der Nähe des Netzes auf dem Boden markiert. Der Trainer kann die Größe und die Platzierung der Insel je nach dem Kenntnisstand der Schüler variieren.

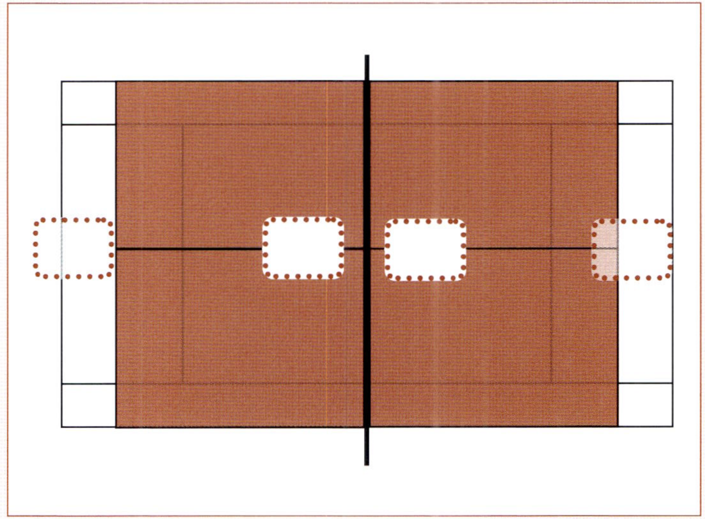

Abb. 32: Rettende Inseln

Stundenabschnitte und Unterrichtsinhalte	Organisatorische Hinweise

Spielphase

Tennis-Marathon Darmstadt – Heidelberg (vgl. Abb. 33)

Alle Schüler stellen sich in einer Reihen am Spielfeldende auf. Jedes Kind hat drei Versuche in ein vorgegebenes Ziel zu treffen. Der Lehrer spielt den Ball von der gegenüberliegenden Spielfeldseite in unterschiedliche Richtungen an. Trifft der Schüler das Ziel innerhalb der drei Versuche, erhält er einen Siegpunkt. Trifft er nicht, muss er sofort auf die andere Spielfeldseite rennen. Dort versucht er, einen von den nächsten Spielern geschlagenen Ball zu fangen. Schafft er dies, darf er wieder auf die andere Seite laufen und stellt sich in der Reihe an.

- Wer schafft es die meisten Siegpunkte zu erzielen?
- Wer war längsten ohne Unterbrechung auf der Seite der Schüler?

Die ersten drei Ballwechseln müssen mit dem Trainier gespielt werden.

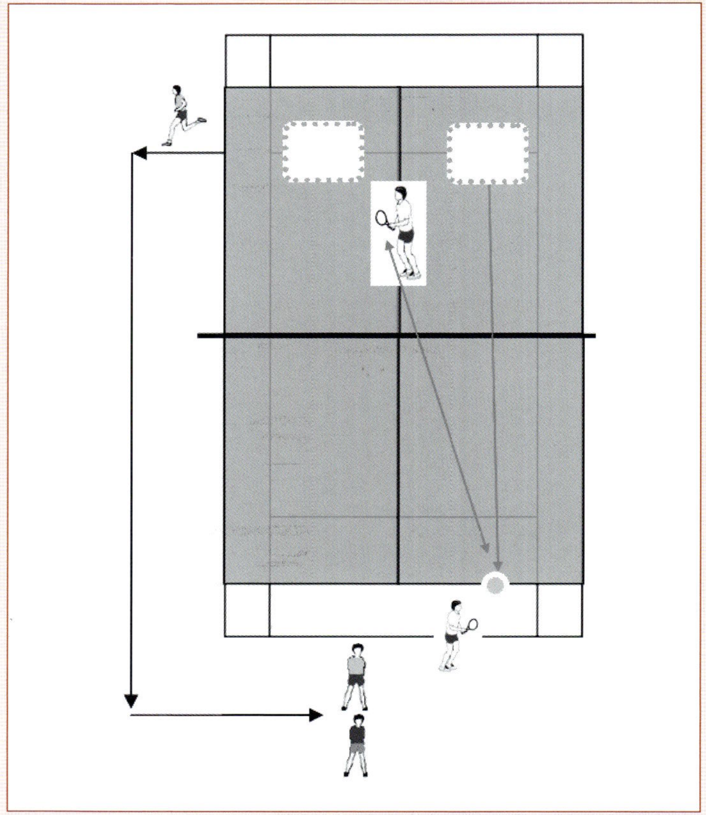

Abb. 33: Tennis-Staffelspiel Darmstadt – Heidelberg

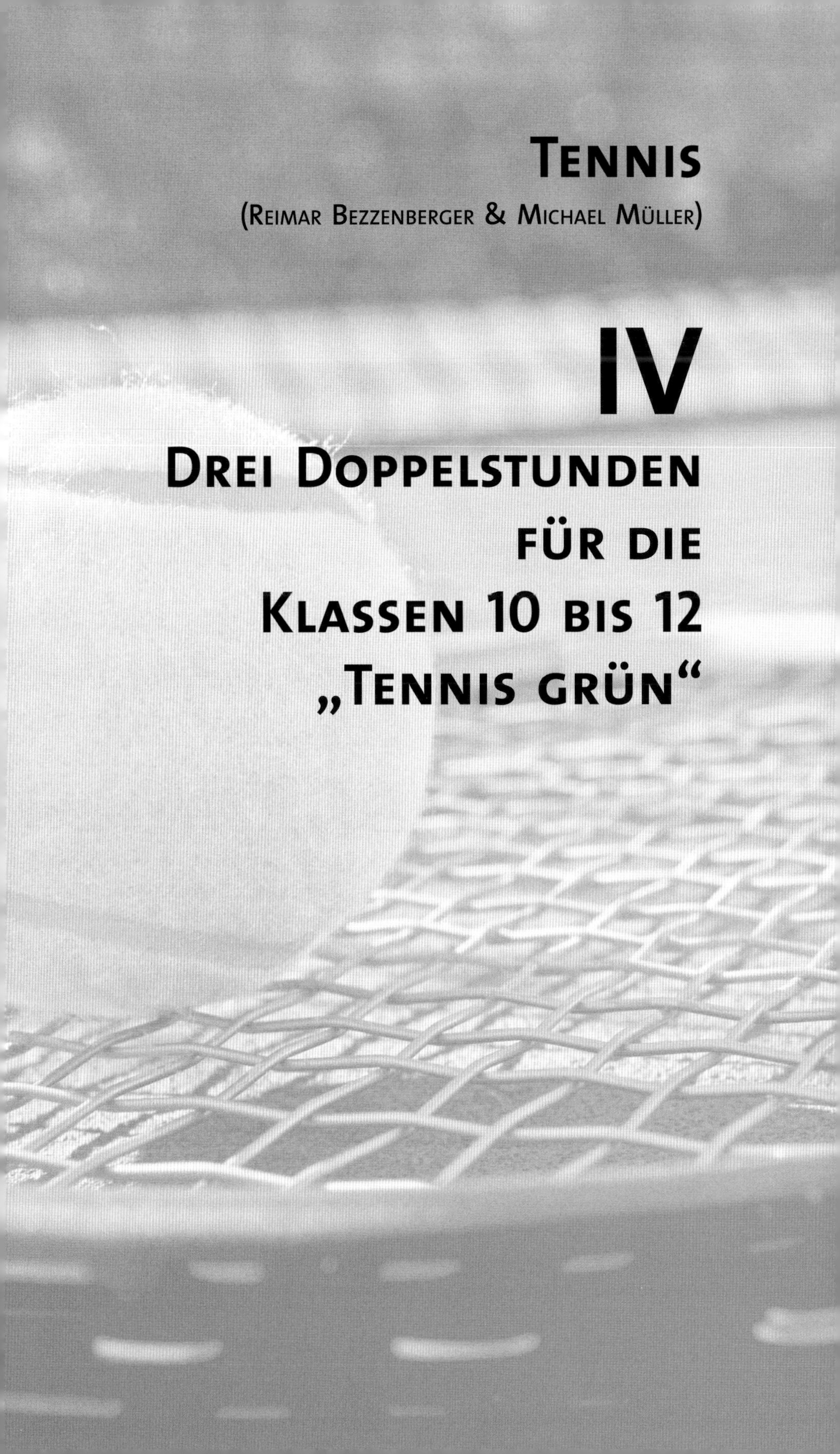

Tennis

(Reimar Bezzenberger & Michael Müller)

IV

Drei Doppelstunden für die Klassen 10 bis 12 „Tennis grün“

Tennis für die Kursstufe: Lernebene „grün“

Play and Stay

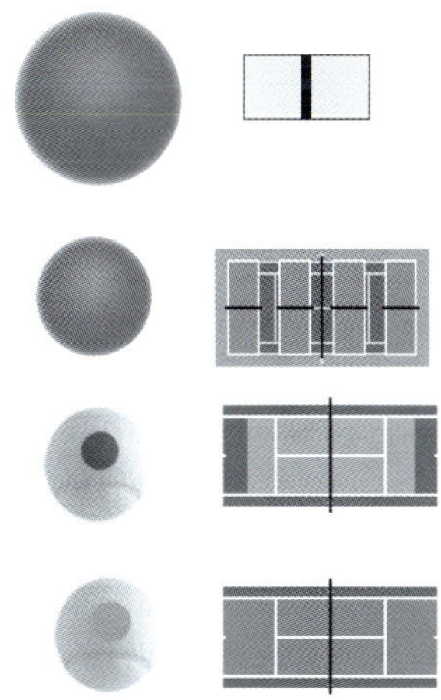

Das Play and Stay Konzept wurde entwickelt, um Anfängern im Tennis den Einstieg zu erleichtern und diesen mit mehr Spielen und Spaß zu verbinden. Dafür wurden die Rahmenbedingungen durch verändern der Ballhärte, Schläger- und Spielfeldgröße vereinfacht. In der Abbildung rechts sind die vier Stufen des Play and Stay Konzepts dargestellt: Die erste Stufe ist Low-T-Ball, hierbei wird das Spiel vereinfacht, indem es bei der Wahrnehmung auf eine zweidimensionale Ebene reduziert wird und durch langsame und große Bälle vereinfacht wird. Bei den weiteren Stufen wird die dritte Dimension (der Ball fliegt) hinzugenommen, die Bälle und das Spielfeld bleiben jedoch noch vereinfacht. Die Stufe Rot ist für Kinder von 5–8 Jahren konzipiert und wird mit langsamen, druckreduzierten Bällen gespielt. Es wird im Kleinfeld auf 11 mal 6 Meter und mit kleineren Schlägern (41–48 cm) gespielt. Bei der Stufe Orange und Grün werden das Spielfeld und der Schläger vergrößert und der Druck in den Bällen erhöht. Wichtig bei allen Stufen ist, dass es ein spielorientiertes Lernen sein soll. Es sollen einfache und leichte Spiele sein, die ein ganzheitliches Lernen ermöglichen. Die Spiele werden langsam gesteigert und dem Zielspiel genähert.

Tab. 7

	Aufwärmen		Hauptteil				Schluss
U9 / U10	Vielseitige Bewegungsschulung	Training der Basistechniken	Systematisches Techniktraining	Systematisches Techniktraining	Systematisches Techniktraining	Systematisches Techniktraining	Spiele im Normalfeld
	10 min	10 min	10-15 min	10-15 min	10-15 min	10-15 min	20 min

Ziele der Lernebene Grün

Wie bei allen Lernebenen steht auch bei der Lernebene Grün die spielerische Vermittlung der Technik im Vordergrund. Die Kinder sollen möglichst viele Bälle schlagen und sich in Spielen messen. In der Lernebene Grün sollten jedoch auch taktische Elemente in das Training integriert werden. Dies wird meist vernachlässigt und spiegelt sich in der eintönigen Spielweise der Spieler wieder.

Aus diesem Grund werden sich die im Folgenden beschriebenen Beispielstunden mit einfachen taktischen Maßnahmen beschäftigen. Die Taktik besteht aus vier Phasen:

- Wahrnehmung der Situation
- Beurteilung der Situation
- Entscheidung über die eigene Aktion
- Ausführung des Schlages

Ein gutes taktisches Verhalten der Spieler erhält man somit nicht durch Schlagtraining allein, sondern durch Trainieren von Situationen. Das Ziel eines Taktiktrainings muss es somit sein, möglichst viele Situationen herzustellen, damit die Spieler ein großes situatives Handlungsrepertoire aufbauen können.

Die Unterrichtsstunden sind so aufgebaut, dass die Schüler anfangs die technischen Fertigkeiten, die zur Ausführung der gewünschten Taktikbausteine notwendig sind, einüben und diese darauf selbstständig anwenden sollen.

Doppelstunde 7

Stundenabschnitte und Unterrichtsinhalte	Organisatorische Hinweise
Aufwärmphase	
Spielfelderöffnung Der Schwerpunkt dieser Stunde ist die *Spielfelderöffnung*. Ziel dabei ist es, den Gegner ins Laufen zu bringen und gleichzeitig Platz für Winnerschläge zu eröffnen. Die Schüler sollen bei geschlossenen Übungsformen die erforderliche Technik einüben und erlernen, um diese daraufhin bei offenen Übungen selbstständig anwenden zu können.	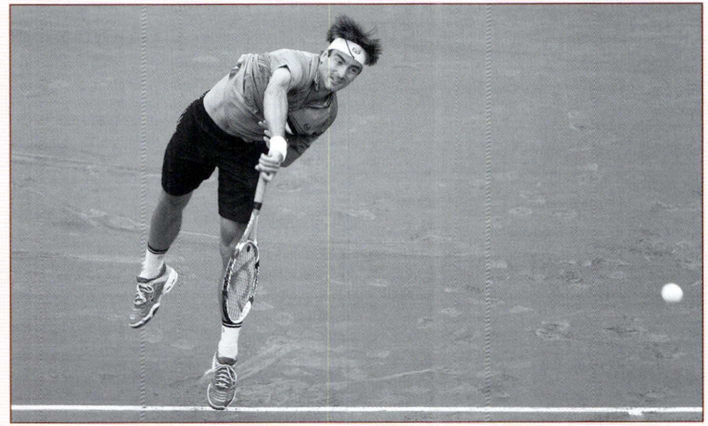
Wurfspiel Das Spiel wird im Kleinfeld gespielt. Der Ball wird mit einer Armbewegung von unten nach oben geworfen. Der Ball muss ohne Bodenberührung über das Netz fliegen und im Kleinfeld aufspringen. Der zweite Spieler muss nun den Ball nach maximal einem Aufspringen fangen und den Ball nun von der gefangenen Position zurück werfen. Einen Punkt erhält man, wenn der Ball zweimal bei dem Gegner aufspringt oder der Gegner einen Ball ins Aus oder ins Netz wirft.	**Dauer:** Fünf Minuten **Ziele:** Anregung Herz-Kreislauf-System, Verbesserung des Ballgefühls, Verbesserung Hand-Augen-Koordination, „Lücken erkennen“.
„Warm spielen“ Die Schüler spielen sich paarweise zuerst im Kleinfeld, dann im Großfeld mit langen Bällen ein. Dabei sollen vor allem Vor- und Rückhand Crossbälle gespielt werden.	**Dauer:** Zehn Minuten **Ziele:** Spielspezifische Erwärmung, Schlagrhythmus finden, Ballgewöhnung, erste spielfeldöffnende Schläge.

Stundenabschnitte und Unterrichtsinhalte	Organisatorische Hinweise

Spiel- und / oder Übungsphase

Hosenträger (vgl. Abb. 34)

Ablauf: Zwei Spieler spielen mit- oder gegeneinander im Großfeld.
Die Aufgabe von Spieler A ist, jeden Ball longline zu spielen. Spieler B hat die Aufgabe, jeden Ball cross zurück zu spielen. Das Spiel sollte zuerst miteinander und dann gegeneinander gespielt werden.

Ziele: Gezielte Vor- und Rückhandschläge, Bespielen der Spielfeldränder, Verbesserung der sportartspezifischen Beinarbeit/Schnelligkeit/Ausdauer.

Variation: Einführen einer an die Spielleistung angepassten, zusätzlichen Spielfeldbegrenzung in der Mitte.

1, 2, 7, 8, 9

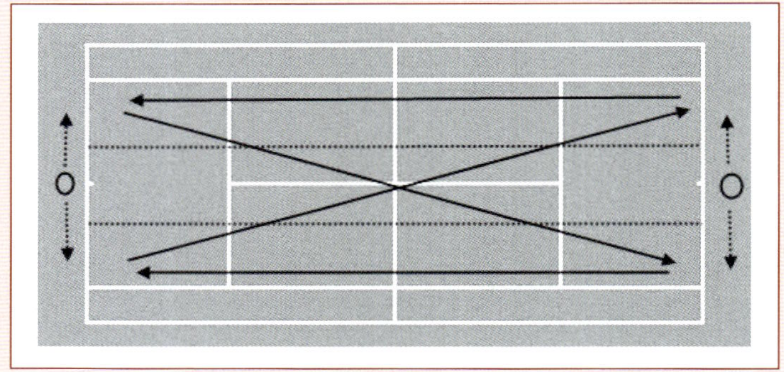

Abb. 34: Hosenträger

Vorhandwinkelschlag (vgl. Abb. 35)

Ablauf: Der erste Ball wird vom Trainer auf die Rückhand von Spieler A gespielt, dieser spielt den Ball im angemessenen Tempo cross auf Spieler B. Spieler B spielt nun longline auf die Vorhand von Spieler A. Mit diesem Ball soll Spieler A nun einen raumöffnenden Vorhandwinkelschlag schlagen, der das freie Spiel eröffnet.

Ziele: Verbesserung des Vorhandwinkelschlags und des taktischen Verhaltens.

Variation: Doppelfeldzone darf für Vorhandwinkelschlag genutzt werden, doppelte Punkte für taktisch gutes Verhalten nach der Spielfelderöffnung (z. B. gegen Lauf gespielt, Longlinewinner)

1, 2, 7, 8, 9

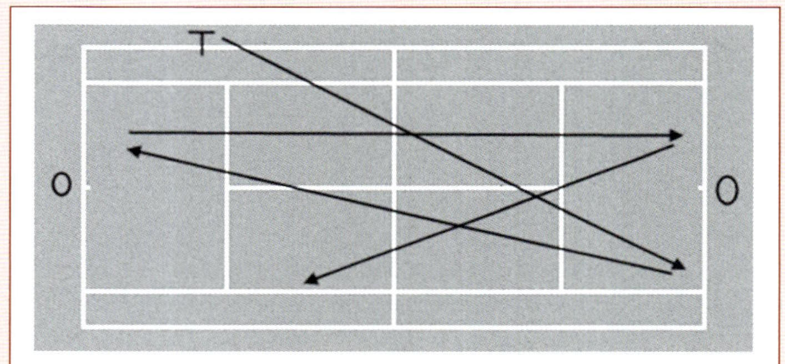

Abb. 35: Vorhandwinkelschlag

Stundenabschnitte und Unterrichtsinhalte	Organisatorische Hinweise

Abschlusspiel

Freies Spiel (vgl. Abb. 36)

Zum Abschluss dieser Unterrichtseinheit sollen die Schüler die eingeübten Winkelschläge selbstständig anwenden und die passenden Situationen dafür erkennen. Als Anreiz, die Schläge auszuführen, erhalten die Spieler bei einem direkten Punkt durch einen Winkelschlag oder einen durch einen Winkelschlag vorbereiteten Punkt die dreifache Punktzahl.

Ablauf: Der Trainer beginnt durch sein Anspiel den Ballwechsel, welcher frei ausgespielt werden darf. Dabei zählen Punkte, die durch einen Winkelschlag direkt oder durch einen Winkelschlag vorbereitet wurden, dreifach.

Ziele: Selbstständige Spielfelderöffnung (vier Phasen von Taktik).

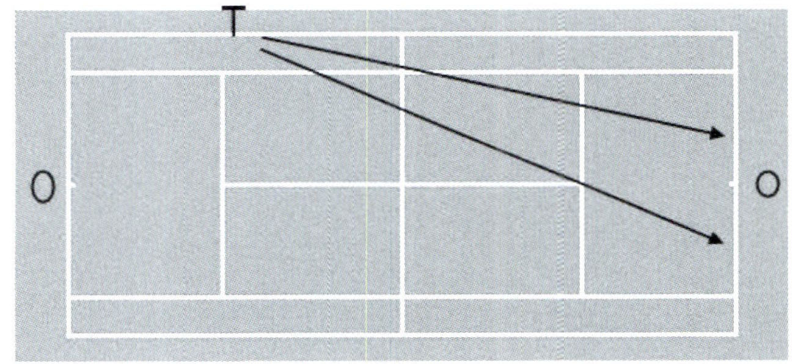

Abb. 36: Freies Spiel

Doppelstunde 8

Stundenabschnitte und Unterrichtsinhalte	Organisatorische Hinweise

Aufwärmphase

Der Schwerpunkt dieser Stunde ist das Angriffsspiel. Ziel hierbei ist es, durch ein aggressives Spiel und durch das Netzspiel den Gegner unter Druck zu setzen und selbst Gewinnschläge zu erzielen. Dieser Taktikbaustein sollte besonders gegen Gegner angewandt werden, die beim Grundlinienspiel sehr sicher sind und dadurch viele Punkte erzielen. Die Schüler sollen bei geschlossenen Übungsformen die erforderliche Technik einüben und erlernen, um diese daraufhin bei offenen Übungen selbstständig anwenden zu können.

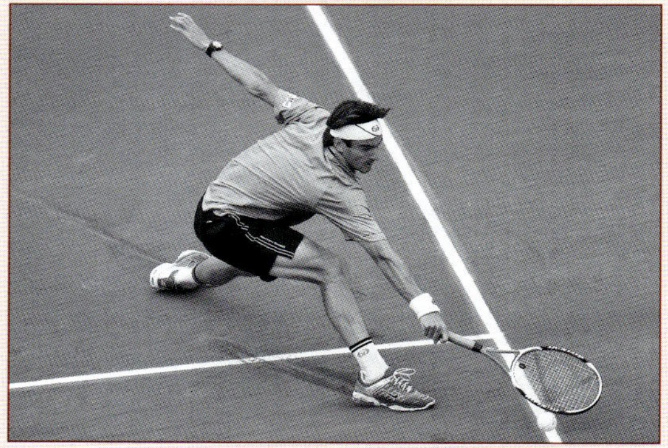

3, 4, 5

Aufwärmen

Fuß und Volley

Ablauf: Zwei Schüler stehen sich im Abstand von ca. 4 Metern gegenüber und spielen sich gleichzeitig mit den Füßen einen Fußball und mit den Schlägern einen Tennisball hin und her.

Ziele: Verbesserung der Koordination (Organisationsdruck).

Variationen: Volleyschläge, mit schwacher Hand/Bein spielen, Abstände variieren.

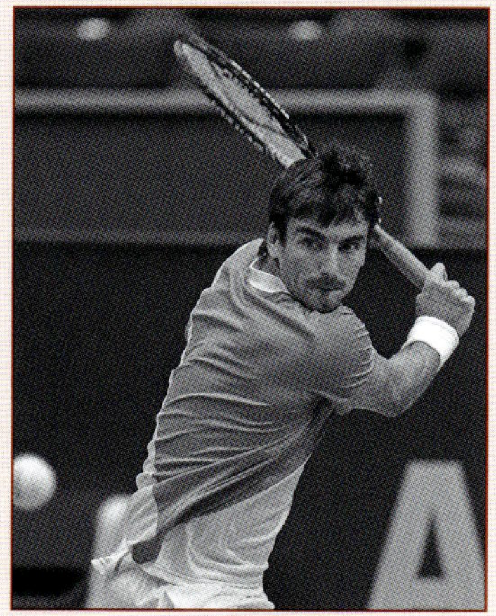

„Warm spielen"

Ablauf: Die Schüler spielen sich paarweise zuerst im Kleinfeld, daraufhin im Großfeld mit langen Bällen ein. Dabei sollen vor allem auch Volleys und Schmetterbälle gespielt werden.

Ziele: Spielspezifische Erwärmung, Schlagrhythmus finden, Ballgewöhnung, Timing der Flugbälle.

Spiel- und / oder Übungsphase

Übergang ans Netz (vgl. Abb. 37)

Ablauf: Spieler A spielt den Ball 2 Meter hinter der T-Linie an und rückt mit seinem Anspiel ans Netz heran. Daraufhin wird der Punkt im halben Doppelfeld ausgespielt.

Ziele: Verbesserung des Überganges ans Netz, Verbesserung der Flugbälle.

Variationen: Die Spielfeldhälfte entscheidet sich erst nach dem Anspiel.

3, 4, 5

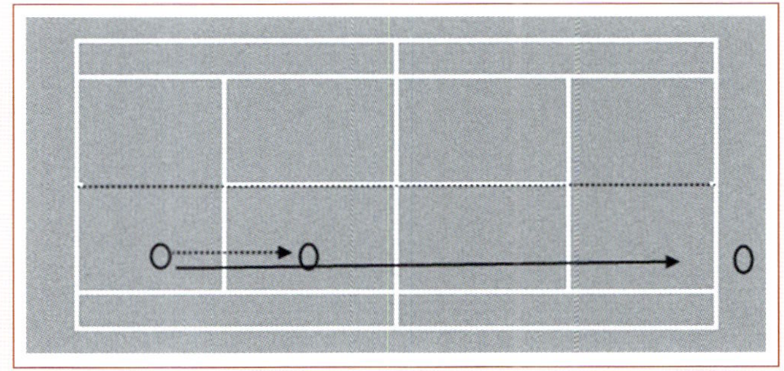

Abb. 37: Übergang ans Netz

Angriffsschläge (vgl. Abb. 38)

Ablauf: Der Trainer spielt einen halbhohen Ball an bzw. kurz vor die T-Linie. Spieler A soll diesen Ball angreifen und daraufhin an das Netz vorrücken. Danach wird der Punkt frei ausgespielt.

Ziele: Verbesserung des Überganges ans Netz, Verbesserung der Angriffsschläge, Verbesserung der Flugbälle.

Variationen: Zwei Spieler verteidigen den ersten Angriffsschlag, der restliche Ballwechsel setzt der Spieler, der den Angriffsschlag zurück gespielt hat, fort.

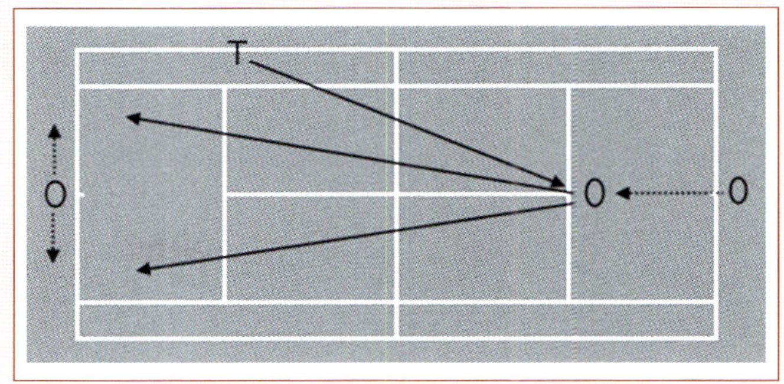

Abb. 38: Angriffsschläge

Stundenabschnitte und Unterrichtsinhalte	Organisatorische Hinweise

Abschlusspiel

Voll auf Angriff (vgl. Abb. 39)

Ablauf: Der Ball wird von einem Spieler fair eingespielt und daraufhin vom Gegenspieler ebenfalls fair zurück gespielt. Daraufhin startet das freie Spiel. Wird ein Ball kürzer als an die T-Linie gespielt, soll dieser Ball angegriffen werden. Es zählen nur die Punkte, die am Netz erzielt wurden.

Ziele: Aggressives Spiel, viele Angriffssituationen, lange Grundschläge, Flugbälle.

Variationen: Minuspunkte bei Fehlern während eines Grundlinienduelles.

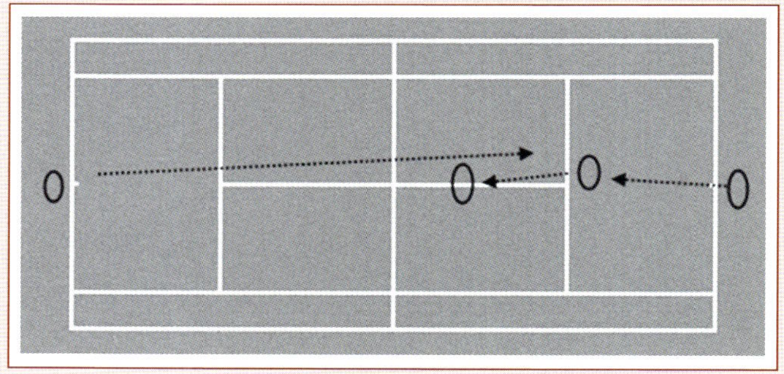

Abb. 39: Voll auf Angriff

Abschlussspiel – Freies Spiel (vgl. Abb. 40)

Ablauf: Der Trainer beginnt durch sein Anspiel den Ballwechsel, welcher frei ausgespielt werden darf. Dabei zählen die Punkte, die durch das Angriffsspiel erzwungen wurden, doppelt und Angriffsschlag- oder Volleywinner dreifach.

Ziele: Selbstständiges Angriffsspiel (4 Phasen von Taktik).

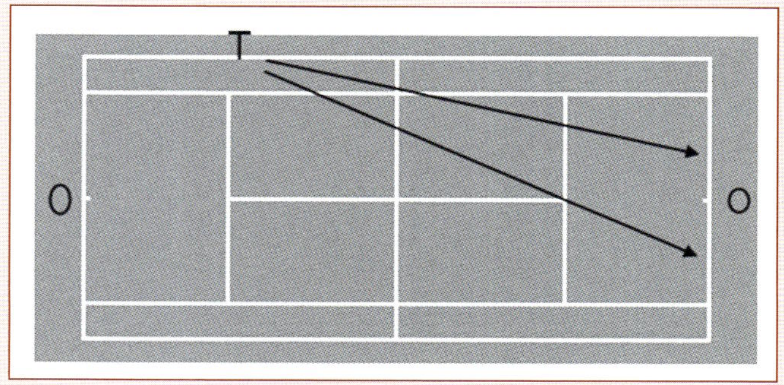

Abb. 40: Freies Spiel, Angriff

Doppelstunde 9

Stundenabschnitte und Unterrichtsinhalte	Organisatorische Hinweise

Aufwärmphase

Der Schwerpunkt dieser Stunde ist das Doppel. Vor allem bei Kindern ist das Doppel ein vernachlässigter Faktor im Tennistraining. Dabei kann das Doppel schnell verbessert werden und beinhaltet alle wichtigen Schläge des Tennisspiels. Außerdem kann ein Doppel viel Spaß bereiten und ist eine Möglichkeit, als Team anzutreten. In dieser Trainingseinheit sollen die Schüler verschiedene Situationen in einem Doppelspiel kennenlernen und dadurch verschiedene Handlungsmöglichkeiten erwerben.

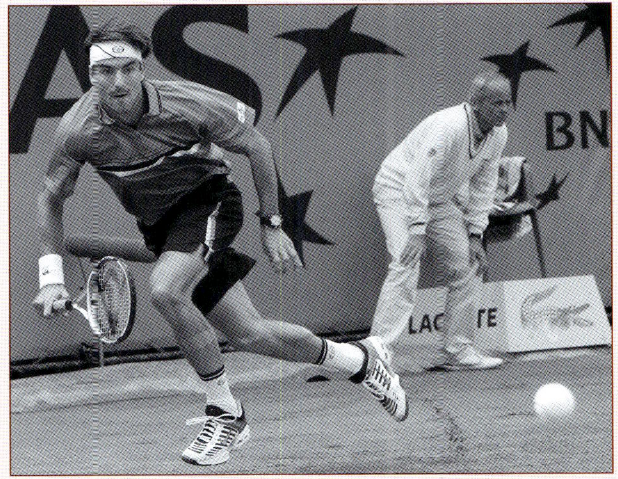

Vierecktennis

Ablauf: Die Schüler bewegen sich frei in einem abgesteckten Viereck und halten dabei mit ihrem Schläger einen Tennisball in der Luft. Sie sollen sich dabei nicht umrennen oder berühren.

Ziele: Verbesserung der Koordination (Variabilitätsdruck, Präzisionsdruck, Organisationsdruck).

Variation: Ball prellen, Größe des Vierecks verändern, Handwechsel nach jedem Kontakt.

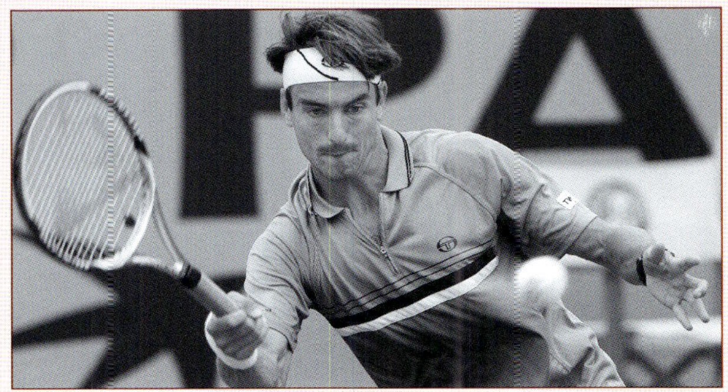

„Warm spielen"

Ablauf: Die Schüler spielen sich paarweise zuerst im Kleinfeld, daraufhin im Großfeld mit langen Bällen ein. Dabei sollen vor allem auch Volleys und Schmetterbälle gespielt werden.

Ziele: Spielspezifische Erwärmung, Schlagrhythmus finden, Ballgewöhnung, Timing der Flugbälle.

Stundenabschnitte und Unterrichtsinhalte	Organisatorische Hinweise

Spiel- und / oder Übungsphase

Libero (vgl. Abb. 41)

Ablauf: Die Startposition der beiden Teams ist jeweils mit einem Spieler an der Grundlinie und einem Spieler am T-Feld. Sie stehen dabei mittig, da der vom Trainer eingespielte Ball beliebig angespielt wird. Nach dem Anspiel müssen sich die beiden Teams schnell orientieren und ihre Formation finden.

Ziele: Schnelles Reagieren auf neue Situation, Verbesserung der Orientierungsfähigkeit, Verbesserung von doppelspezifischen Ballwechseln.

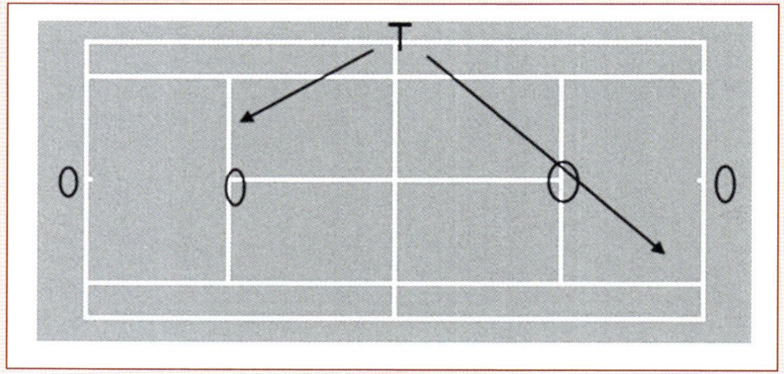

Abb. 41: Libero

Lobs kontern (vgl. Abb. 42)

Ablauf: Die Spieler starten in Doppelstellung. Der Trainer überlobt mit seinem Anspiel den Netzspieler und startet somit den Ballwechsel.

Ziele: Gutes Positionieren der Doppelspieler, Umgang mit hohen Bällen (Lobs).

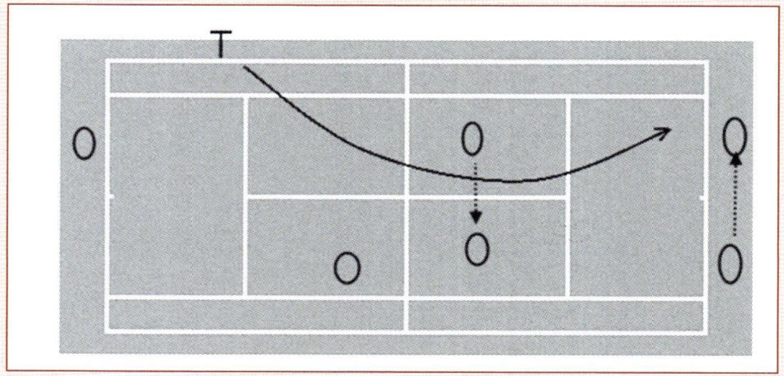

Abb. 42: Lobs kontern

Stundenabschnitte und Unterrichtsinhalte	Organisatorische Hinweise

Abschlussspiel

Australisches Doppel (vgl. Abb. 43)

Ablauf: Das Doppel mit Aufschlagrecht startet nicht in der normalen Doppelstellung, stattdessen startet der Netzspieler auf der gleichen Seite wie der Aufschläger. Der Aufschläger schlägt aus mittiger Position auf und deckt nach seinem Aufschlag die offen stehende Feldhälfte ab. Der Punkt wird normal ausgespielt.

Ziele: Neue Aufstellungsvariante kennenlernen, Gegner aus dem Return-rhythmus bringen, „Sahneseite“ ausnutzen.

Variation: Netzspieler kniet mittig am Netz und zeigt somit noch nicht, welche Seite er nach dem Aufschlag abdecken wird.

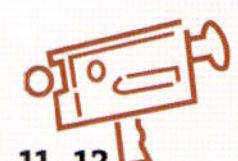

10, 11, 12

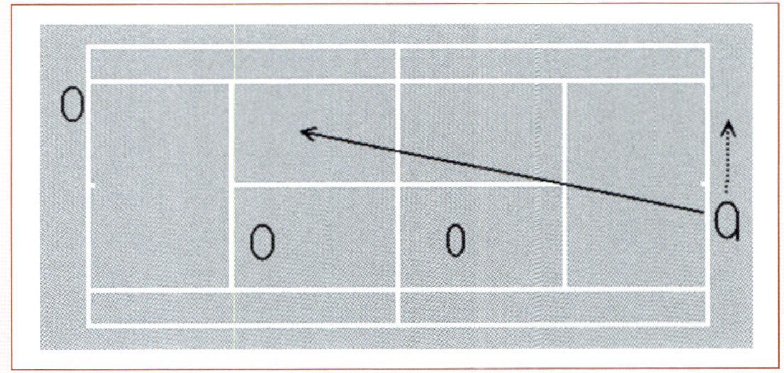

Abb. 43: Australisches Doppel

Videoverzeichnis

01 Vorhand Grundschlag

02 Vorhand Grundschlag

03 Volley Vorhand + Rückhand

04 Volley Vorhand + Rückhand

05 Volley Vorhand + Rückhand

06 Volley Vorhand + Rückhand

07 Rückhand Grundschlag

08 Rückhand Grundschlag

09 Rückhand Grundschlag

10 Aufschlag

11 Aufschlag

12 Aufschlag Varianten

Literatur Tennis

Bezzenberger, R. & Müller, M. (2014). Spielfähigkeit als Fundament. *Tennistraining Junior, 3,* (3) 6–13.

Bezzenberger, R. & Müller, M. (2012). Planungspilot Kindertraining. *Tennistraining Junior, 1,* (1) 14–19.

Bezzenberger, R. & Müller, M. (2011). *Tennis ist rot.* Heppenheim: Fachbuchverlag Dr. Müller/Bezzenberger.

Bezzenberger, R. & Müller, M. (2011). *Tennis für Kinder.* Heppenheim: Fachbuchverlag Dr. Müller/Bezzenberger.

Bezzenberger, R., Müller, M. (2012).Tennis in der Schule. *Sport-Praxis 1+2,* 27–30.

Deutscher Fußball Bund (2010). *Koordination Variantenreich fördern.* Frankfurt.

Deutscher Fußball Bund (2009). *Talente fordern und fördern.* Frankfurt.

Deutscher Fußball Bund (2007). *Spielend Fußballspielen lernen.* Frankfurt.

Dober, R. *Geräteaufbauplaner.* Onlinepublikation www.dober.de/aufbauplaner/

Engst, O. (2003). *Trainerassistentenausbildung.* Unveröffentlichte Tischvorlagen.

Horsch, R. & Heinicke, K. (2000). *Sportiv Tennis. Kopiervorlagen für den Tennisunterricht.* Leipzig: Klett.

Hotz, A. (2013). Trainieren heißt, für eine Idee leben!". *Leichtathletik Training 3+4,* 41–47.

Khan, K. (2013). Vier Prinzipien weisen den Weg. *Handballtraining Junior, 1,* 54–60.

Koch, P. (2005). Funktionalität von Tennistechnik und -methodik. *Tennis Sport 1,* 19–23.

Mosel, L. (2008). Mit Tennisball und Tennisballdose – Schulung der Auge-Hand-Koordination. *Raabits Sport 5,* 1–10.

Roth, K. & Kröger, C. (2011). *Ballschule – Ein ABC für Spielanfänger.* Schorndorf: Hofmann.

Roth, K. & Scherer, H. (2008). *Übungen und Wettkämpfe mit Alltagsmaterialien.* Schorndorf: Hofmann.

Roth, K., Memmert, D. & Schubert, R. (2006). *Ballschule Wurfspiele.* Schorndorf: Hofmann.

Roth, K., Kröger, C. & Memmert, D. (2002). *Ballschule Rückschlagspiele.* Schorndorf: Hofmann.

Scherer, H. (2005). *Aufwärmen mit dem Ball.* Schorndorf: Hofmann.

Tennis-Software-Service (2003). *Trainingsplaner Tennis.* Münster.

Weyers, N., Müller, M. & Lemke, K. (2014). Rückschlagspiele Badminton-Tennis-Tischtennis. Aachen: Meyer & Meyer.

Wheatley, S. (2007). *Mini Tennis.* London.

Literatur Tischtennis

Antonovsky, A. (1997). *Salutogenese. Zur Entmystifizierung der Gesundheit* (Deutsche Ausgabe von A. Franke). Tübingen: dgtv.

Deutscher Tischtennis-Bund (Hrsg.) (1998). *Tischtennis Lehrplan 2000. Band 1: Schlagtechnik und Beinarbeit.* Frankfurt/Main: Deutscher Tischtennis-Bund.

Horsch, R. (1984). Leistungsdiagnostik Tischtennis. Unveröffentlichte Examensarbeit. Mainz: Johannes-Gutenberg-Universität.

Horsch, R. (1990). *Tischtennis in Schule, Verein, Freizeit. Sport in der Lehrerfortbildung Bd. 4* (Hrsg. Engler, H.-J., Kleine, W.) Konstanz: Univeritätsverlag Konstanz.

Horsch, R. (1999). Öffnung des Tischtennis-Unterrichts. *TTL Tischtennis Lehre, 2.*

Horsch, R. (1999). Öffnung des Tischtennis-Unterrichts. *TTL Tischtennis Lehre, 4.*

Horsch, R. (o. J.). Tischtennis. In Ministerium für Bildung, Wissenschaft und Weiterbildung Rheinland-Pfalz (Hrsg.), *Lehrplan Sport. Grund- und Leistungsfach Jahrgangsstufen 11 bis 13 der gymnasialen Oberstufe (Mainzer Studienstufe)* (S. 72–73). Worms: Fischer.

Horsch, R. (2000). Öffnung des Tischtennis-Unterrichts. *Lehrhilfen für den Sportunterricht, 49* (7), 4–9.

Horsch, R. & Heinicke, K. (2000). *Sportiv Tennis. Kopiervorlagen für den Tennisunterricht.* Leipzig: Klett.

Horsch, R. (2001). *Öffnung des Sportunterrichts. Sportiv Thema.* Leipzig: Klett.

Horsch, R. (2001). Tischtennis. In Pädagogisches Zentrum Rheinland-Pfalz (Hrsg.), *Sport Handreichung zum Lehrplan Sport SI* (S. 71–72). Bad Kreuznach: Fischer.

Horsch, R. (2002). Projektorientierter Sportunterricht. *Lehrhilfen für den Sportunterricht, 51* (6), 10–13.

Horsch, R. (2002). Mind Mapping im Sportunterricht. *Lehrhilfen für den Sportunterricht, 51* (4), 11–13.

Horsch, R. (2005). *Öffnung des Sportunterrichts im Tischtennis. Anregungen für den Sportunterricht in der Grundschule und Sekundarstufe.* Donauwörth: Auer.

Horsch, R. (2005). *Salutogenetische Ressourcen durch Öffnung des Sportunterrichts.* Dissertation, Universität Bremen.

Horsch, R. (2006). Tischtennis. In Pädagogisches Zentrum Rheinland-Pfalz (Hrsg.), *Sport Handreichung zum Lehrplan Sport SII – Teil 2* (S. 22–37). Bad Kreuznach: Fischer.

Horsch, R. (2010). *Sportiv Tischtennis. Kopiervorlagen für den Tischtennisunterricht* (2. überarbeitete Auflage). Leipzig: Klett.

Kurz, D. (1992). Sport mehrperspektivisch unterrichten - warum und wie? In K. Zieschang & W. Buchmeier (Hrsg), *Sport zwischen Tradition und Zukunft* (S. 15–18). Schorndorf: Hofmann.

Kurz, D. (1995). Handlungsfähigkeit im Sport – Leitidee eines mehrperspektivischen Unterrichtskonzepts. In A. Zeuner u. a. (Hrsg.), *Sport unterrichten* (S. 41–48). Sankt Augustin: Academia.

König, S., Rogoll, T. & Weinans, A. (1993). Wenn Schüler und Lehrer im Sport zusammenarbeiten ... Handlungsfähigkeit als didaktische Leitidee in der Oberstufe. *sportunterricht, 42* (10), 434–444.

König, S., Memmert, D., Nagel, S., Roth, K. & Zentgraf, K. (2002). Spielerisches Taktiklernen: Vom Multitalent zum Spezialisten. In K. Ferger, N. Gissel & J. Schwier (Hrsg.), *Sportspiele vermitteln, trainieren, erleben* (S. 125–146). Hamburg: Czwalina.

König, S. & Memmert, D. (2011). Allgemeine und spezielle Spielfähigkeit – pädagogische und didaktische Überlegungen. In S. König, D. Memmert & K. Moosmann (Hrsg.), *Das große Limpert-Buch der Sportspiele.* (S. 21–40). Wiebelsheim: Limpert.

Ministerium für Bildung, Wissenschaft, Jugend und Kultur Rheinland-Pfalz (Hrsg.) (2008). *Rahmenplan Grundschule: Teilrahmenplan Sport.* Grünstadt: Sommer.

Roth, K. (2006). Vom ABC für Spielanfänger ... zum gekonnten Werfen mit der Hand. In K. Roth & D. Memmert (Hrsg.), *Ballschule Wurfspiele* (S. 7–42). Schorndorf: Hofmann.

Legende

A	Spieler A
A ⟷ A	Lauf-/Sprungweg von Spieler A
B	Spieler B
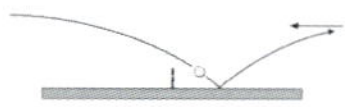	Ballweg
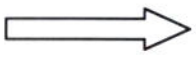	Laufweg
L	Lehrer
RH	Rückhand
VH	Vorhand
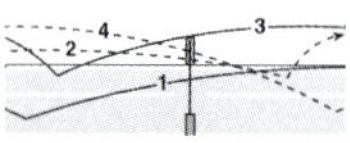	Reihenfolge der Ballwege
1. 2. 3. ...	Reihenfolge der anzuwendenden Schlagtechniken
ÜF	Übungsformen
SF	Spielformen
TT	Tischtennis

Glossar

- *Aufschlag:* Beim vorschriftsmäßigen Aufschlag muss der Ball aus dem flachen, geöffneten Handteller der freien Hand hinter der Grundlinie des Tisches senkrecht mindestens 16 cm hochgeworfen werden und mit dem Schläger so gespielt werden, dass er zuerst auf der eigenen und dann über das Netz auf der gegnerischen Tischhälfte aufspringt. (vgl. „Regeln light")

- *Aufschlag im Einzel:* Beim Einzelspiel darf der Aufschlag vorschriftsmäßig von überall hinter der eigenen Tischgrundlinie über das Netz überallhin in die gegnerische Tischhälfte gespielt werden.

- *Aufschlag im Doppel:* Beim Doppelspiel muss der Aufschläger den Ball von seiner rechten Seite der Tischhälfte in die gegnerische Vorhandseite (beim Rechtshänder) diagonal spielen.

- *Ausgangsstellung:* Die Ausgangsstellung lässt den Spieler die anzuwendende Schlagtechnik aus einer optimalen Position ausführen. Der Spieler nimmt aus Gründen der kurzen Zeitfrequenz zwischen den Schlägen nicht mehr die Grundstellung ein, sondern stellt sich aus der Situation heraus so zum nachstfolgenden Ball, dass er möglichst variabel weitere geeignete Schlagtechniken anwenden kann.

- *Ausholphase:* Die Ausholphase leitet die eigentliche Schlagbewegung einer Schlagtechnik ein. Sie verfolgt dabei einen möglichst großen Impuls und einen situativ optimalen Beschleunigungsweg.

- *Ausschwungphase:* Nach Beendigung der Schlagphase dient die Ausschwungphase der Bewegung dazu, das Gleichgewicht zu sichern und eine optimale Ausgangsstellung für nachfolgende Bewegungen und Schlagtechniken zu finden.

- *Ball:* Der Tischtennisball hat ein Gewicht von 2,7 g und einen Durchmesser von 40 mm. Er besteht aus Zelluloid oder Kunststoff. Seit 2014 sind bei internationalen Wettkämpfen nur noch Bälle aus Kunststoff zugelassen.

- *Balleimertraining:* Balleimertraining oder auch „Many-Balls“ stellt eine Intensivierung von Übungsformen zur Technikschulung bzw. zum Erlernen von Schlagtechniken dar. Insbesondere bei der Anfängerschulung hat sich diese Form des Trainings bewährt und eröffnet gerade im Schulbereich bei großen Lerngruppen und relativ wenigen Tischen die Möglichkeit, intensive und motivierende Übungen durchzuführen. Ein Zuspieler spielt aus einem Eimer oder Karton mit ca. 50–100 Bällen kontinuierlich dem Übenden Bälle „maßgeschneidert“ zu.

- *Ball- und Schlägergewöhnungsübungen:* Spiel- und Übungsformen mit sportartübergreifenden (Beach-Tennisschläger, Kunststoffschläger, Softbälle etc.) und sportartspezifischen (Tischtennis-Schläger, Tischtennis-Bälle) Materialien schulen die koordinativen Fähigkeiten sowie die Motorik im Umgang mit Schläger und Ball.

- *Balltreffpunkte:* die Balltreffpunkte werden in die steigende Phase des Balles beim Absprung vom Tisch, in den höchsten Punkt sowie in die fallende Phase unterteilt. Die Balltreffpunkte sind für die Anwendung der unterschiedlichen Schlagtechniken von Bedeutung.

- *Ballwechsel:* beim Ballwechsel im Spielgeschehen muss der Ball anders als beim Aufschlag direkt über das Netz auf die gegnerische Tischhälfte gespielt werden. Der Ball darf nur einmal auf jeder Tischhälfte aufspringen und nicht volley aus der Luft geschlagen werden. Ein Ballwechsel dauert so lange, bis der Ball nicht mehr regelgerecht zurück gespielt wird.

- *Beinarbeit:* Neben der Körperarbeit für die Schlagtechniken ist die Beinarbeit leistungsbestimmend. Durch eine optimierte Beinarbeit bringt sich der Spieler schnellstmöglich in eine so günstige Stellung zum Ball, dass er die nachfolgende Schlagtechnik optimal ausführen kann. Tischtennisspezifische Beinarbeiten können Ausfallschritte, Sidesteps oder Kreuzschritte sein.

- *Block:* Der Block mit Vorhand oder Rückhand ist eine Schlagtechnik, die gegen Topspinschläge, Konterschläge oder auch Schmetterschläge des Gegners genutzt werden kann.
  Dabei nutzt der Blockspieler die Rotationen und Geschwindigkeiten des gegnerischen Balles durch geschickte und adäquate Schlägerblattstellungen bei sehr geringer Schlagbewegung aus.

- *Empowerment-Ansatz:* Empowerment stellt einen Prozess dar, in dem Menschen in Marginalpositionen eigene Kräfte entwickeln und Ressourcen nutzen, um eine Lebenssituation zu verbessern.

- *Flip:* Der Flip ist die Schlagtechnik, die kurz hinter das Netz gespielte Bälle (meistens kurze Aufschläge des Gegners) retournieren.

- *Grundstellung:* Die Grundstellung oder auch Ballerwartungsstellung ist die allgemeine Stellung eines Spielers, wenn er den gegnerischen Aufschlag erwartet. Dabei steht der Spieler ca. 0,5–1 m von der Tischgrundlinie entfernt, etwas mehr zur linken Seite seiner Rückhandhälfte versetzt.

- *Einfach-regelmäßige Übungsform:* Das Zuspiel erfolgt nur in eine Seite des Tisches. Der Spieler kennt den genauen Ballweg und kann sich auf die Realisierung der Schlagbewegung konzentrieren, ohne zum Beispiel auf eine Beinarbeit zu achten.

- *Explizites Lernen:* Explizites oder deklaratives Lernen erfolgt durch bewusste Aufnahme von Informationen. Diese Lern- und Unterrichtsstrategie setzt Gespräche und gezielte Aufgabenstellungen von Lehrkräften ein, um den Schülern technisch-taktische Fertigkeiten und Kenntnisse zu vermitteln. Die so erworbenen Kenntnisse sollen später auch bewusst und aktiv wieder abgerufen werden können.

- *Implizites Lernen:* Implizites Lernen ist eine Unterrichtsstrategie, bei der Schüler in der Regel durch Ausprobieren und Erfahren lernen, evtl. auch durch Beobachtung (observativ). Es findet eine unbewusste und spielerische Aneignung von Fertigkeiten nach dem Motto „Spielen lernt man durch Spielen lassen".

- *Indirekter Aufschlag:* „Indirekter Aufschlag" bedeutet, dass der Ball einmal auf der eigenen Tischhälfte aufspringen soll und dann über das Netz in die gegnerische Hälfte gespielt wird.

- *Kombiniert-unregelmäßige Übungsform:* Das Zuspiel erfolgt in Übungsformen unregelmäßig in die VH- als auch RH-Seite. Der Übende spielt situationsgerecht mit Vorhand und Rückhand. Mit Hilfe dieser Übungsformen werden Schlagbewegungen unter spielnahen Bedingungen geschult, die Beinarbeit und das Antizipations- und Reaktionsvermögen verbessert.

- *Kombiniert-regelmäßige Übungsform:* Das Zuspiel erfolgt regelmäßig abwechselnd in die VH- und RH-Seite. Der Übende spielt mit Vorhand und Rückhand. Als Beinarbeitstraining darf der Spieler zum Beispiel nur mit der Vorhand seine Schlagbewegung ausführen.

- *Konterschläge:* Konterschläge treffen den Ball relativ zentral und geben dem Ball keine/kaum Rotation.
- *Netz:* Das Netz trennt das Spielfeld des Tisches in zwei Tischhälften. Es besteht aus Netz, Aufhängung, Pfosten und wird durch eine Schnur auf 15,25 cm Höhe aufgehängt. Die Außenpfosten sind 15,25 cm von der Seitenlinie des Tisches entfernt.
- *Regeln „light":* Statt der mehrseitigen Internationalen Tischtennis-Regeln wird eine „Light-Version" des Regelwerks dargestellt, die die Grundzüge des Einzel- und Doppelspiels erklärt.
- *Rotation:* Durch verschiedene Schlagtechniken (Schupfschlag, Topspin, Aufschläge) werden den Bällen unterschiedlich Vorwärts-, Rückwärts- und Seitrotationen, das heißt schnelle Balldrehungen, verliehen. Ein völlig rotationsloser Ball ist sehr selten, und nur möglich, wenn der Schlagimpuls bei senkrechter Schlägerblattstellung genau auf den Schwerpunkt des Balles gerichtet ist.
- *Rückhandseite:* Die Rückhandseite des Schlägerblattes ist die Seite in Verlängerung des Handrückens. Die Rückhandseite des Tisches ist aus Sicht eines Rechtshänders die linke Tischseite.
- *Rückwärtsrotation:* Schupfschläge verleihen dem Ball eine Rückwärtsrotation, die auf ein senkrecht gestelltes Schlägerblatt eine Absprungwirkung nach unten hat. Der Ball fällt ins Netz.
- *Salutogenese:* Salutogenese verfolgt den Ansatz, was Menschen gesund erhält und forscht nach den Ursachen der Gesundheit. Gesundheit schließt dabei biopsychosoziale Ressourcen ein. Das Konzept der Salutogenese wurde von Aaron Antonovsky formuliert.
- *Schläger:* Das Tischtennis-Schlägerblatt muss unbiegsam und eben sein. Größe, Form und Gewicht sind beliebig. Das Schlägerblatt, das zum Spielen benutzt wird, muss vollständig von einem regelgerechten Belag bedeckt sein. Die Oberfläche der einen Schlägerseite muss rot, die der anderen schwarz sein.
- *Schupfschläge:* Bei den Schupfschlägen wird der Ball tangential in Nähe des „Südpols" getroffen (unterschoben) und verleiht dem Ball eine Rückwärtsrotation (vgl. Rückwärtsrotation).
- *Schlagphase:* Die Schlagphase ist die Hauptphase einer Schlagbewegung, in der der Treffpunkt des Balles stattfindet. In der Schlagphase kann der Ball je nach Schlagtechnik frontal oder tangential getroffen werden.

- *Schlägerblattstellungen:* Die Schlägerblattstellungen sind relevant für die Ausführung der unterschiedlichen Schlagtechniken. Je nach Schlagtechnik können sie geöffnet, leicht geöffnet, senkrecht, leicht geschlossen bzw. geschlossen sein.

- *Shakehand-Schlägerhaltung:* Gemeint ist die in Europa am weitesten verbreitetet Schlägerhaltung, die auch „europäische" oder „orthodoxe" Schlägerhaltung genannt wird. Sie unterscheidet sich von der in Asien bevorzugte „Penholder"-Haltung. Mittlerweile spielen aber auch sehr viele Asiaten mit der Shakehand-Schlägerhaltung.

- *Stationsarbeit:* Stationsarbeit oder Stationstraining beinhaltet die Intention, einen bestimmten Lerninhalt an mehreren Stationen auf vielfältige Art zu schulen. Stationsarbeit wird vor allem bei unterrichtsdifferenzierenden Maßnahmen eingesetzt.

- *Topspin-Schläge:* Bei den Topspinschlägen wird der Ball tangential in Nähe „Nordpol" getroffen (überzogen) und verleiht dem Ball eine Vorwärtsrotation (vgl. Vorwärtsrotation).

- *Treffpunkt des Balles:* Die Balltreffpunkte sind für die Realisation von Schlagtechniken von Bedeutung. Der Schupfschlag wird am höchsten Punkt oder auch in der fallenden Phase getroffen. Konterschläge werden am höchsten Punkt getroffen, während Topspinschläge je nach Ausführung den Ball in der steigenden Phase, am höchsten Punkt oder in der fallenden Phase treffen.

- *Vorhandseite:* Die Vorhandseite des Schlägers ist die Schlägerseite in Verlängerung der Handinnenfläche. Die Vorhandseite des Tisches ist aus Sicht eines Rechtshänders die rechte Tischseite.

- *Vorwärtsrotation:* Topspinschläge verleihen dem Ball eine Vorwärtsrotation, die auf ein senkrecht gestelltes Schlägerblatt eine Absprungwirkung nach oben hat. Der Ball springt in die Höhe ab, bei starker Vorwärtsrotation oftmals über die gegnerische Tischhälfte ins Aus.

- *Zentral getroffener Ball:* Beim zentralen Schlag wird der Ball so gespielt, dass der Schlagimpuls bei senkrechter Schlägerblattstellung genau auf den Schwerpunkt des Balles gerichtet ist. Dies kommt im Spiel fast nie vor.